Jean-Marc Horber

Zeit im Schach

Joachim Beyer Verlag

ISBN 978-3-95920-125-4

1. Auflage 2020

Ein Imprint des Schachverlag Ullrich, Zur Wallfahrtskirche 5, 97483 Eltmann

Herausgeber: Robert Ullrich

Dieses Buch widme ich meinem Vater,
der mir das Schachspiel beibrachte,
und meiner Mutter, die mir in meinem
Leben stets zur Seite stand.

Inhaltsverzeichnis

Vorwort ... 8

Einleitung ... 9

Zeitbeschränkung ... 11
- Geschichte der Schachuhr ... 14
- Entwicklung der Bedenkzeiten ... 23

Zeitmanagement ... 32
- Einteilung der Bedenkzeit ... 33
- Zeitverwaltung in der Eröffnung ... 34
- Methoden der Optimierung ... 43
- Spiel mit der Uhr und mit dem Gegner ... 57
- Zeitnot ... 62
- Schnelle Kadenzen ... 70
- Zeitmanagement im Computerschach ... 79

Nachwort ... 83

Bildnachweis ... 84

Namensregister ... 85

Als leidenschaftlicher Schachliebhaber mit Neigung zur Bibliomanie hatte ich vor vielen Jahren die Idee, selber einmal ein Schachbuch zu schreiben. Über den Inhalt war ich mir von Anfang an im Klaren: Es sollte ein Buch über die Zeit beziehungsweise das Zeitmanagement im Schach werden. Da es mir in Turnierpartien selten gelang, die zur Verfügung stehende Bedenkzeit vernünftig einzuteilen, lag das Thema auf der Hand. Im Idealfall wäre das Verfassen einer derartigen Schrift für mich nämlich gleich noch Therapie und Prophylaxe. Ich mochte einfach nicht mehr in solch unselige Zeitnot geraten, die mich zahllose sicher geglaubte Punkte gekostet hat. Und falls dieses Buch auch anderen Schachspielern dabei hilft, sich diese schmerzlichen Erfahrungen zu ersparen, sind meine Ziele erreicht.

Bern, im Sommer 2020

Anregungen und Kritik nehme ich gerne unter folgender Adresse entgegen:

Jean-Marc Horber
Niggelerstraße 10
CH-3007 Bern
Schweiz

jmhanxin@gmail.com

Vorwort

Wie bitte – noch ein Schachbuch?

Gibt es denn nicht schon genug Literatur zu allen möglichen schachlichen Themen? Obwohl schätzungsweise bereits an die einhunderttausend Werke über Schach publiziert wurden, scheint diese Frage angesichts der Flut alljährlich neu erscheinender Bücher nicht angebracht zu sein.

Schach ist eben nicht nur ein äußerst komplexes Spiel, sondern offenbart neben den sportlichen Aspekten einen derart großen Reichtum an reizvollen Bezügen und direkten Parallelen zu Kunst und Wissenschaft, eigentlich sogar zum Leben selbst, dass es sich trotz seiner einfachen und mittlerweile seit über fünfhundert Jahren gleichgebliebenen Regeln durchaus noch weiter zu entwickeln vermag.

Die Liste der Themen, zu denen bereits unzählige Titel erschienen sind und laufend weitere Schriften publiziert werden, ist deshalb entsprechend lang: Eröffnungen, Mittelspiel, Endspiel, Strategie, Taktik, Turniere, Partiesammlungen, Biographien, Geschichte, Lexika, Psychologie, Problemschach, Computerschach, Blindschach, und vieles mehr. Alle denkbaren Bereiche des Schachspiels scheinen bestens abgedeckt zu sein, und doch ist ein wichtiges Gebiet bisher unterschätzt und vernachlässigt worden: Der Umgang des Schachspielers mit der ihm zur Verfügung stehenden Bedenkzeit.

Wohl wird in einigen Werken auf diese Thematik mehr oder weniger ausführlich eingegangen, eine detaillierte und umfassende Betrachtung des doch erstaunlich weiten Feldes fehlte aber bis jetzt. Das vorliegende Buch versucht die Lücke zu schließen und den so oft die Partie entscheidenden Zeitfaktor in all seinen Dimensionen und Ausprägungen zu erfassen und zu analysieren. Gleichzeitig soll damit eine allgemeine Würdigung der Zeit im Schach erreicht werden.

Der Autor hegt zudem die große Hoffnung, dass bisher von Zeitproblemen geplagte Schachspieler dank geschärftem Bewusstsein für den Faktor Zeit und durch gewissenhaftes Befolgen der in diesem Werk enthaltenen Grundsätze und Empfehlungen ihre diesbezügliche Schwäche nicht nur eliminieren, sondern geradezu in eine Stärke umwandeln können.

Deshalb also: Jawohl – noch ein Schachbuch!

Einleitung

> Die Zeit ist etwas Göttliches, deren wahres Wesen nicht begriffen werden kann.
>
> (Galenos von Pergamon)

Schach gilt als zeitlos. Einerseits weil es für menschliche Begriffe schon seit ewigen Zeiten existiert, andererseits weil es auch ohne Zeitdruck gespielt werden kann. Es lassen sich noch weitere zeitlose Aspekte finden: Problemschach ist von seinem Wesen her zeitlich nicht gebunden, und auch ein ins Schachspiel versunkener Spieler hat sich von Zeit und Raum losgelöst, er befindet sich in einer anderen Dimension, in einer eigenen, parallelen Welt. Ebenso vermögen eine vor mehreren hundert Jahren gespielte Glanzpartie oder eine tausendjährige Studie auch heute noch viele Schachspieler zu begeistern.

In einem ganz anderen Verhältnis zur Zeit steht dagegen die Schachpartie selbst, die auf verschiedene Weise durch den Zeitfaktor beeinflusst wird. Unmittelbar von der zur Verfügung stehenden Zeit abhängig ist sicherlich zum einen die Qualität des Spiels, denn die Fehlerquote sollte im Prinzip mit zunehmender Bedenkzeit abnehmen. Und natürlich stehen auch die Tiefe der Ideen und die Weitsichtigkeit der Pläne in direktem Bezug zur Zeitbeschränkung. Offensichtlich lassen sich mit mehr Bedenkzeit größere Denkleistungen vollbringen. Aber ob nun eine Blitzpartie mit fünf Minuten Bedenkzeit oder eine Turnierpartie mit klassischer Kadenz gespielt wird, die Spieler müssen in jedem Fall die ihnen zur Verfügung stehende Zeit optimal einteilen und bestmöglich nutzen, um ihr schachliches Potenzial voll ausschöpfen zu können.

Das Schachspiel ist paradoxerweise also nicht nur zeitlos, sondern eben auch eng mit der Zeit verknüpft. Darauf lassen auch die vielen heutzutage gebräuchlichen Kadenzen schließen, die von Bullet (1 Minute Bedenkzeit pro Partie und Spieler) über Blitz (3 bzw. 5 Minuten), Rapid (20 bis 30 Minuten), Semi-Rapid (1 Stunde) und klassische Kadenzen (2 Stunden bis 3 Stunden und 30 Minuten) bis zum Fernschach mit Zugbedenkzeiten von mehreren Tagen oder sogar Wochen reichen. All diese verschiedenen Zeitbeschränkungen, die dem Spiel jeweils einen eigenen Charakter und unterschiedliche Intensität verleihen, ermöglichen es jedem Spieler, Schach mit jener Bedenkzeit zu spielen, die seinem Naturell und seinen Neigungen am besten entspricht.

Aber ob beim Schnellschach oder in Fernpartien, mit der Zeit verhält es sich im Schach wie im Leben: Man hat immer zu wenig davon! Anfänglich scheint der Zeitvorrat noch unerschöpflich zu sein, gegen Ende der Partie beziehungsweise des Lebens läuft einem die Zeit davon! Warum nur hat man denn vorher, als die Stellung noch überschaubar war und die Schwierigkeiten sich in Grenzen hielten, nicht etwas schneller gezogen?

Im Abschnitt zum Zeitmanagement werden wir Lösungen zu diesem Problemfeld anbieten und aufzeigen, wie der Schachspieler am besten mit der knappen Ressource 'Zeit' umgeht. Doch zuvor wollen wir die Einführung und Entwicklung sowie die Auswirkungen der Zeitbeschränkung im Schach von allen Seiten her beleuchten.

Zeitbeschränkung

Gott schuf die Zeit.
Von Eile hat er nichts gesagt.

(aus Tirol)

Bevor Mitte des 19. Jahrhunderts die Beschränkung der Bedenkzeit im Schach eingeführt wurde, war Zeitmessung bei den Schachspielern mehr als tausend Jahre lang überhaupt kein Thema. Schach war ein Spiel der Muße, fern jeglicher Hektik, und wurde meist als freundschaftliche Partie in ungezwungenem Rahmen ausgetragen. Auch als die Spielregeln mit der Spielreform im 15. Jahrhundert neu definiert wurden, schenkte man der Bedenkzeit noch keine Aufmerksamkeit. Die Spieler durften im Prinzip so viel Zeit für ihre Züge beanspruchen wie sie wollten. Berufsspieler, die wohl ein Interesse an schnellem Spiel gehabt hätten, waren damals noch selten anzutreffen und die wenigen Wettkämpfe jener Zeiten kamen ganz gut ohne Zeitbeschränkung zurecht. Es ist indes anzunehmen, dass Spieler bei zu langem Nachdenken von ihrem Gegner, von den Veranstaltern oder den Zuschauern angehalten wurden, endlich zu ziehen.

Eine frühe und originelle Form der Zeitmessung (im 12. Jahrhundert) wird in einem biographischen Roman über König Heinrich II. von England beschrieben: Während der Schachpartie singt ein Troubadour ein Lied, und am Ende jeder Strophe müssen die Spieler ihren Zug ausgeführt haben![1)]

Wie die Partien in den legendären Treffpunkten der Schachspieler (ab 1750 das 'Café de la Régence' in Paris und später der 'Divan' des 'Simpson's-in-the-Strand' in London) bezüglich des Zeitverbrauchs geregelt waren, ist nicht genau bekannt. In diesen Schachcafés verkehrten natürlich auch die damaligen Spitzenspieler, von denen nicht wenige sich als Berufsschachspieler etablierten, gegen die man um Geld spielen konnte. Angesichts dieser aufkommenden Professionalität im Schach und der großen Anzahl gespielter Partien wurden sicherlich gewisse Vereinbarungen bezüglich der Bedenkzeit getroffen. Schließlich konnte ein auf Verlust stehender Spieler ja wohl nicht einfach so lange über seinen nächsten Zug herumgrübeln, bis der Meister sich auf den Heimweg machen musste oder das Schachlokal seine Pforten schloss.

Als sich die Schachspieler vor etwa 200 Jahren zu organisieren begannen und die Zahl der Wettkämpfe und Turniere bald rapide zunahm, wurden die Stimmen immer lauter, die eine klare Regelung der Bedenkzeiten forderten. Es konnte

1) Alfred Duggan: God and My Right, 1955 zitiert in Norman Knight: King, Queen and Knight, 1975, S. 120

nicht (mehr) angehen, dass ein mit genügend Sitzfleisch ausgestatteter, langsamer Spieler seinen Gegner, ob absichtlich oder nicht, einfach ‚totsaß'.

Schnellspieler wie etwa Charles de La Bourdonnais oder Paul Morphy konnten sich über trägere und bedächtigere Geister wie George McDonnell oder Louis Paulsen fürchterlich aufregen, was sich psychologisch sicherlich nachteilig auswirkte. Im Gegensatz zu de La Bourdonnais, der aufbrauste, wenn McDonnell allzu lange über einen Zug nachdachte, heißt es, Morphy sei derart frustriert gewesen, dass ihm manchmal Tränen über die Wangen rollten, während er reglos auf Paulsens Zug wartete.

Maximal benötigte Morphy für einen Zug eine Bedenkzeit von zwölf Minuten – und das sogar für ein Damenopfer! Paulsen überlegte fünfundsiebzig Minuten lang, ob er es annehmen sollte oder nicht, und selbst für herkömmliche Züge brauchte er nicht selten eine halbe Stunde.[2)] Einmal soll er sogar unglaubliche elf Stunden über einen Zug nachgedacht haben!

Von Howard Staunton wird berichtet, dass er 1851 beim ersten großen internationalen Turnier in London eine Partie gegen seinen Landsmann Williams angewidert aufgab.

„Mr. Williams' systematisches Hinauszögern jedes Zuges", schrieb Staunton wutschnaubend im Turnierbuch, „trug ihm deutlich tadelnde Blicke der Zuschauer ein. Wenn Partien auf zwölf, dreizehn, ja zwanzig Stunden ausgedehnt werden und einzelne Züge zweieinhalb Stunden beanspruchen, kann man sich die Wirkung auf einen Invaliden gut vorstellen."[3)]

Der hier erwähnte Invalide war natürlich der Verfasser selbst, welcher während des ganzen Turniers über Unwohlsein klagte (der Gerechtigkeit halber sei erwähnt, dass Staunton selber als zuweilen sehr langsamer Spieler galt). Derweil scheint der besagte Mr. Williams tatsächlich ein träger Spieler gewesen zu sein, denn es gibt über ihn noch ein weiteres bekanntes Zitat, und zwar von Henry Thomas Buckle (Sieger des Divan-Turniers 1849): „Die Langsamkeit eines Genies ist schwer zu ertragen, die eines mittelmäßigen Spielers aber ist unerträglich!"

Die Konzentration der Spieler ließ gegen Ende solcher Marathonpartien verständlicherweise nach und der Ausgang des Spiels wurde insofern verfälscht, als in den Schlussphasen überlanger Partien nicht die Schachkunst selbst, sondern vielmehr Ausdauer, Durchhaltewillen und Leidensfähigkeit in den Vordergrund rückten. Im Turnierreglement von London 1851 wurde deshalb erstmals festgehalten, dass eine Partie nach acht Stunden abgebrochen und am nächsten Tag fortgesetzt werden durfte (allerdings nur unter Zustimmung beider Partei-

2) 3) Harold C. Schonberg: Die Großmeister des Schach, Scherz Verlag, Bern 1974, S. 77/78 und S. 55

en!). Dieses Konzept der 'Hängepartie' (die Verpflichtung zu einem 'Abgabezug' wurde erst 1876 im Wettkampf Steinitz – Blackburne eingeführt) sollte von nun an über ein Jahrhundert lang fester Bestandteil der Turnierregeln werden.

Um die erwähnten schachlichen und menschlichen Probleme zu entschärfen und insbesondere um die nun immer häufiger veranstalteten großen Turniere vernünftig planen und organisieren zu können, war die Einführung einer standardisierten und auch praktisch umsetzbaren Bedenkzeitregelung mittlerweile unumgänglich geworden.

Die Geschichte der Schachuhr

Zeit ist das, was man an der Uhr abliest.
(Albert Einstein)

Erste Zeitmessungen

Zur Begrenzung der Bedenkzeit kursierten innerhalb der Schachkreise verschiedenste Ideen. Beim Wettkampf zwischen Pierre de Saint-Amant und Howard Staunton im Jahre 1843 wurde erstmals die verbrauchte Bedenkzeit für jeden Zug, der länger als 5 Minuten dauerte, gemessen und notiert. Dies hinderte die beiden Parteien allerdings nicht daran, sich gegenseitig zu beschuldigen, zu lange überlegt zu haben! Folgende Aufstellung zeigt für die Partien 2-15 (ohne Partie 10) wie oft ein Spieler 5 Minuten oder länger über einen Zug sinnierte[4]:

Minuten	5-9	10-14	15-19	20-29	30-39	länger
St. Amant	104	47	14	14	5	2
Staunton	82	15	9	3	0	0

Wettkampf Staunton – St. Amant 1843
(durchschnittliche Partiedauer: 7 Stunden und 45 Minuten)

Staunton stellte nach gewonnenem Wettkampf fest: „Saint-Amant spielt wirklich langsam, sein ganzes Spielkonzept ist langsam. Er verbraucht aber auch nicht mehr Zeit als nötig. Ich kenne keinen Spieler mit ähnlicher Ausdauer: Nach vierzehn Stunden scheint er so frisch wie zu Beginn zu sein!“ Möglicherweise trug Saint-Amants ausgiebiger Konsum von Kaffee und Schnupftabak dazu bei, auch gegen Ende einer langen Sitzung noch hellwach zu sein. Im Unterschied zu Staunton, der lediglich Tee trank und vor dem Spiel kalt badete.[5]

Nach diesem Wettkampf wurde der Vorschlag gemacht, kein Zug dürfe länger als 20 Minuten dauern, ansonsten man für jede Übertretung eine Guinee Strafe zahlen müsse. Im Turnier zu Paris 1867 wurde eine ähnliche Idee umge-

4) 5) D.N. Levy: Howard Staunton, The Chess Player, Nottingham 1975, S, 24/25

setzt: Ein Spieler konnte zusätzliche Bedenkzeit kaufen, sein Gegner erhielt dann allerdings die gleiche Zeitzugabe geschenkt. Dieses Konzept, je nach Auslegungsart ein Zeiterwerb oder eine Geldbuße, konnte sich indes nicht durchsetzen, da es doch zu offensichtlich abhängig von den finanziellen Möglichkeiten der Spieler war.

Eine erstaunliche Ausnahme bildete später noch das Meisterturnier zu Nürnberg 1906. Auf Drängen von Siegbert Tarrasch, der in der Verknappung der Zeit eine Einschränkung der künstlerischen und geistigen Entfaltung sah, wurden bei diesem Schachturnier in seiner Heimatstadt die strengen Zeitvorgaben gelockert, indem man auf die Regelung von Paris zurückgriff: Für jede Zeitüberschreitung wurde eine Geldbuße fällig, die in ihrer Summe am Ende des Turniers zu begleichen war.

In Nürnberg sollten pro Stunde 15 Züge geschafft werden, nach deren Verstreichen gab es eine Kulanz von 5 Minuten, jede weitere abgelaufene Minute wurde mit einer Strafe von einer Mark belegt. Am Ende des Turniers versuchte der Veranstalter – oft vergeblich – bei den mit einer Buße belegten Teilnehmern das Geld einzutreiben.[6)] Man hätte die Bußen besser sofort eingestrichen, und überhaupt war es eher der jeweilige Gegner und nicht der Turnierorganisator, der Anspruch auf dieses Geld gehabt hätte!

Das Überschreiten der Bedenkzeit zog in den Anfängen der Zeitbeschränkung also nicht automatisch den Partieverlust nach sich. Zum einen galt oft noch eine Toleranz von 5 Minuten, zum andern galt es als unsportlich, auf diese Weise einen Gewinn zu reklamieren. Es sind Fälle bekannt, in denen dem die Zeit überschreitenden Spieler von seinem großzügigen Gegner das Weiterspielen erlaubt wurde! In einem Match wäre dies ja noch denkbar, in einem Turnier, in dem das Resultat der Partie Einfluss auf die Rangliste und die anderen Teilnehmer hat, müsste dies untersagt sein.[7)]

Bezeichnend ist der Vorfall, der sich beim Wiener Turnier 1882 zugetragen hat: James Mason überschritt gegen Henry Edward Bird die Zeit. Bird machte seinen Gegner darauf aufmerksam und stoppte die Uhr. Er ließ sich jedoch durch die Proteste Masons erweichen, die Partie fortzusetzen, welche schlussendlich Mason für sich entscheiden konnte. Wilhelm Steinitz, der direkte Konkurrent Masons um den Turniersieg, beschwerte sich danach zu Recht beim Schiedsgericht, worauf dieses Bird den Sieg zusprach.[8)]

---

6) Harry Schaack in 'Karl', Ausgabe 2/2001, Karl-Verlag, Frankfurt a. M., S. 17-19

7) The Field 15.5.1880 (www.chessarch.com, Chess Archeology, Nick Pope): Zukertort gewährte seinem Gegner Rosenthal zusätzliche Bedenkzeit

8) Ernst Strouhal in 'Karl', Ausgabe 2/2001, Karl-Verlag, Frankfurt a. M., S. 24-27

Die ersten Versuche mit starrer Zeitbegrenzung konnten indes nicht überzeugen, denn eine fixe Bedenkzeit *pro Zug* wurde den im Laufe einer Schachpartie auftretenden kritischen Situationen, bei denen entsprechend länger nachgedacht werden musste, nicht gerecht. Abgesehen davon, dass bei durchschnittlich 10 Minuten pro Zug (von 20 Minuten ganz zu schweigen) eine Partie trotzdem ohne weiteres 15 Stunden dauern konnte.

Die entscheidende und eigentlich naheliegende Idee hatte Baron Tassilo von Heydebrand und der Lasa, ein hochgebildeter Diplomat, erstklassiger Spieler und Schachtheoretiker: Jeder Spieler benötigt seine eigene Uhr, die bei jedem Zug in Gang gesetzt bzw. gestoppt werden kann. An diesem fundamentalen Prinzip hat sich bis heute nichts geändert!

Von der Sanduhr zur mechanischen Uhr

Nachdem 1853 beim Match zwischen Harrwitz und Löwenthal die Bedenkzeit noch mit maximal 20 Minuten pro Zug beschränkt war, fand 1861 dann mit dem Wettkampf zwischen Adolf Anderssen und Ignaz von Kolisch die Premiere mit zwei getrennten Uhren statt. Jeder Spieler hatte jeweils 2 Stunden für 24 Züge zur Verfügung. Es wurden zwar noch Sanduhren (Stundengläser) und keine mechanischen Uhrwerke eingesetzt, doch die neue Methode bewährte sich bestens.[9)] Sanduhren hatten aber zwei wesentliche Nachteile: Einerseits konnten Feuchtigkeit und Temperaturschwankungen die Konsistenz des Sandes verändern, andererseits bestand bei jedem Zug die Gefahr, dass ein Spieler das falsche Ende seines Glases umkehrte. In der Folge begannen Wettkampf- und Turnierleiter deshalb, mit mechanischen Uhren zu experimentieren.

Beim Match zwischen Wilhelm Steinitz und Joseph Henry Blackburne in London 1876 einigte man sich kurz vor Wettkampfbeginn darauf, die Sanduhren durch 'Alarm Time Pieces' zu ersetzen, womit wohl Stoppuhren gemeint waren. Die Kadenz war hier bereits leicht erhöht, nämlich 30 Züge innerhalb von 2 Stunden, danach jeweils eine Stunde für die folgenden 15 Züge, und zwar mit Übernahme der gesparten Zeit in die nächste Phase. Den Spielern wurde nach Ablauf der Bedenkzeit noch eine Gnadenfrist von 5 Minuten gewährt, danach war aber endgültig Schluss. Weitere Auszüge aus dem Match-Reglement sind bezüglich der Bedenkzeiten erwähnenswert:

Nach 4 Stunden Spielzeit darf jede Partei eine Spielunterbrechung von einer Stunde Dauer beantragen. Nach 8 Stunden wird die Fortsetzung der Partie auf

---

9) The Field 10.8.1881 (www.chessarch.com, Chess Archeology, Nick Pope)

den nächsten Tag verschoben, der Abgabezug wird dabei dem Schiedsrichter in einem verschlossenen Umschlag überreicht. (Im Match von Johannes Hermann Zukertort gegen Samuel Rosenthal 1880 mussten übrigens beide Kontrahenten die Pause nach 4 Stunden Spielzeit zusammen verbringen! Man wollte dadurch ausschließen, dass die Spieler die Partien analysieren oder sich beraten lassen konnten.[10])

Und falls ein Spieler zu einer neuen Partie nicht innerhalb einer halben Stunde nach Spielbeginn erscheint, wird seine Uhr in Gang gesetzt (nach einer Unterbrechung der Partie hat er aber pünktlich wieder am Brett zu sein). Ist er nach Ablauf seiner zwei Stunden Bedenkzeit immer noch nicht erschienen, so hat er die Partie verloren. Im Vergleich mit den heutigen (Null-)Toleranz-Bestimmungen war man früher also ebenfalls nachsichtiger.

Dass die beschränkte Bedenkzeit in diesem Match bereits eine nicht zu unterschätzende Rolle spielte, geht aus den damaligen Zeitungsberichten und Partiekommentaren nur zu deutlich hervor.

---

10) The Field 8.5.1880 (www.chessarch.com, Chess Archeology, Nick Pope)

Die Doppeluhr

Die erste mechanische Doppeluhr, eine Pendeluhr, kam im Londoner Turnier 1883 zum Einsatz. Entwickelt hatte sie Thomas Bright Wilson, der Sekretär des Schachklubs von Manchester.

Pendeluhren wurden zum Stoppen in Schräglage gebracht, so dass das eine Pendel nicht mehr schwingen konnte, das andere hingegen wieder zu schwingen begann.

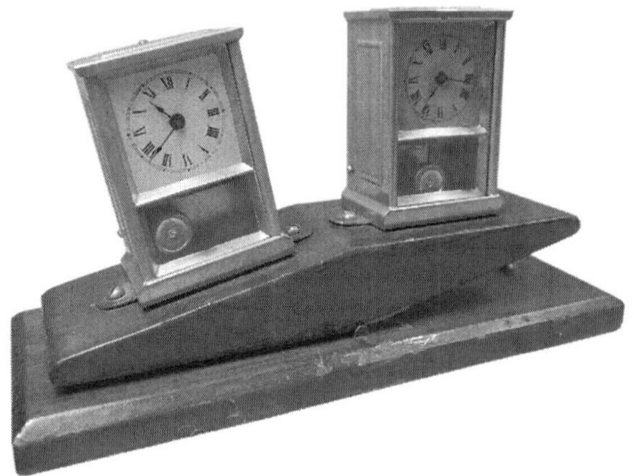

Abb. 1: Die allererste Pendeluhr, Prototyp für Fattorini & Sons, 1881

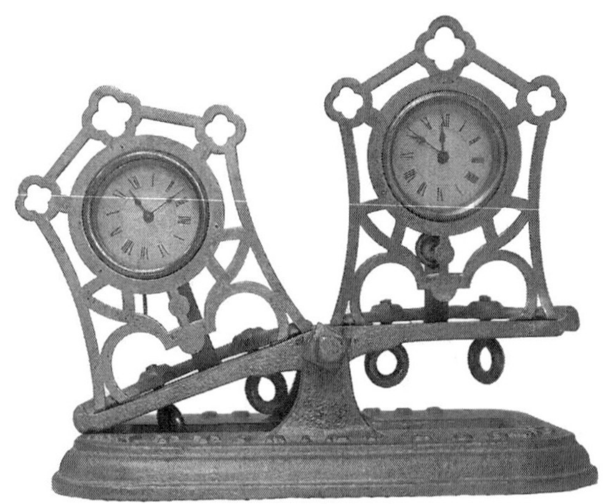

Abb. 2: Damals gebräuchliche Pendeluhr von Fattorini & Sons, 1887

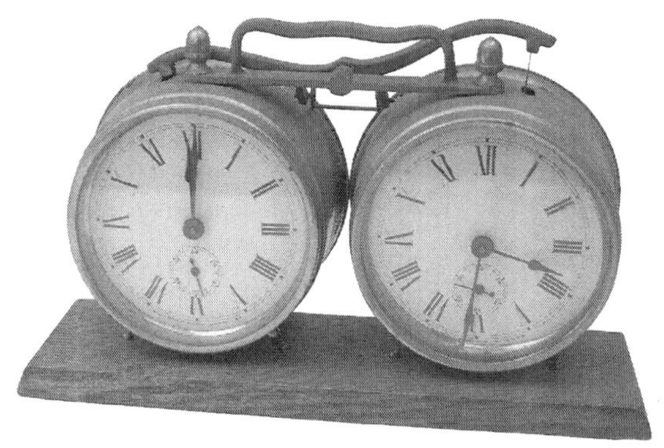

Abb. 3: Doppeluhr von Waterbury, im Turnier von Cambridge Springs 1904 eingesetzt

Das eigentliche Vorgängermodell der heute noch gebräuchlichen Schachuhren wurde von Gustav Herzog aus Leipzig 1894 entworfen: Eine stabile und dabei preiswerte Doppeluhr ohne Pendel. Beide Werke waren auf einem Brett fixiert und durch einen Druckmechanismus bedienbar.

Gewisse Perfektionierungen erfolgten dann durch den Niederländer Veenhof, der auch die Idee eines Fallblättchens (Guillotine) an der vollen Stunde umsetzte. Für das Blitzschach wurden später spezielle Uhren kreiert, bei denen eine volle Umdrehung des Zeigers der Übersichtlichkeit halber nicht eine ganze Stunde, sondern 15 oder sogar nur 5 Minuten dauert. Eine weitere Verfeinerung für das Blitzschach war es, das Fallblättchen so zu gestalten, dass es mittels zusätzlich auf dem Zifferblatt aufgedruckter Anzeigen die letzten 5 Minuten sowie die allerletzte Minute separat und vergrößert abbildete. Die Nachteile dieser mechanischen Schachuhren – das Aufziehen durfte nicht vergessen werden und Zeiger beziehungsweise Fallblättchen waren vor Ungenauigkeiten bei der Montage und späteren Verformungen nicht geschützt – wurden mit der Einführung der digitalen Schachuhr Ende des 20. Jahrhunderts aus der Welt geschafft.

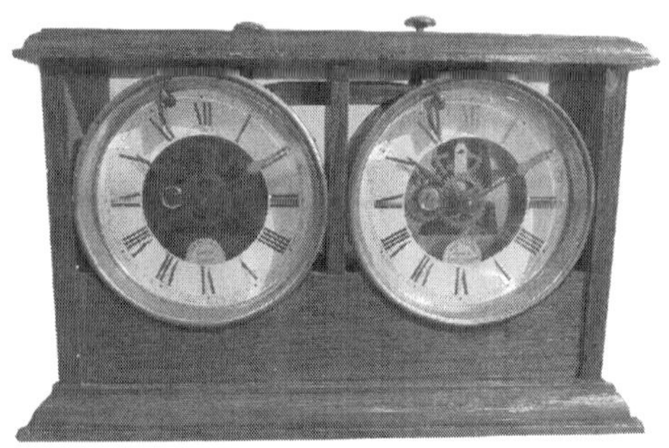

Abb. 4: Doppeluhr von William E. Tanner, England, frühes 20. Jahrhundert

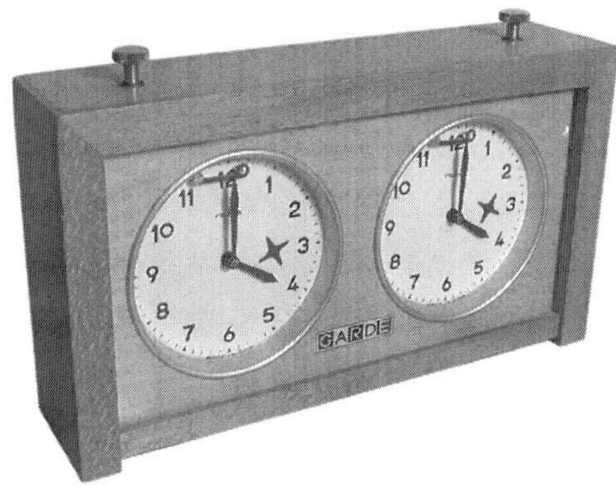

Abb. 5: Weit verbreitete Schachuhr ‚GARDE‘ von VEB Uhrenwerke Ruhla, DDR, zweite Hälfte 20. Jahrhundert

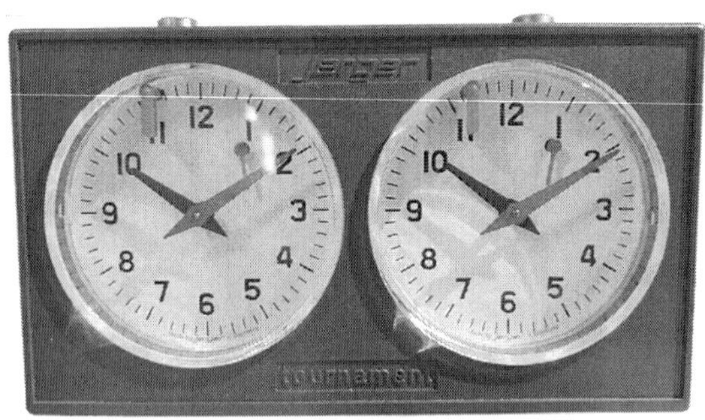

Abb. 6: Handliches Modell von Jerger, BRD, Ende 20. Jahrhundert

Die Digitaluhr

Ab 1960 wurden in der früheren Sowjetunion und später in den USA erste elektronische Schachuhren mit Digitalanzeige entwickelt. Große Verbreitung fanden sie aber damals noch nicht. Zu vertraut waren die Spieler mit den bewährten mechanischen Uhren, und sicherlich waren auch die Preise der neuen Digitaluhren recht hoch.

Die nächste große Innovation in der Geschichte der Schachzeitmessung erfolgte am 5. August 1988: Kein Geringerer als der ehemalige Schachweltmeister Robert James Fischer meldete an diesem Tag seine 'Digital Chess Clock' in den USA zum Patent an.[11)] Revolutionär an dieser Uhr war die Möglichkeit, dem Spieler nach jedem Zug eine bestimmte Zeit gutzuschreiben.

Der Grundgedanke war, extreme Zeitknappheit zu verhindern oder wenigstens zu mildern, denn Fischer befand zurecht, dass der durch massive Zeitnot resultierende Qualitätsverlust dem eigentlichen Wesen einer Schachpartie zutiefst abträglich war. Originalton Bobby Fischer: „When you're in time trouble, then it just isn't chess anymore" („Das Spiel in Zeitnot ist einfach kein Schach mehr"). Es ist allerdings erstaunlich, dass diese Idee von Fischer aufgenommen, propagiert und schließlich auch realisiert wurde, war er doch selber selten in hoher Zeitnot, ganz im Gegensatz zum häufig von Zeitnot geplagten David Bronstein, der als geistiger Vater dieses Konzeptes gilt.

Ein zuvor während mehrerer Stunden errichtetes Kunstwerk durfte nicht einfach durch einen rasch ausgeführten, unüberlegten und deshalb oft fehlerhaften Zug zerstört werden. Wenn nun ein durch höchste Zeitnot bedrohter Spieler nach jedem getätigten Zug wieder einige wertvolle Sekunden gutgeschrieben erhielt, also genügend Zeit für die wichtigsten und dringendsten Überlegungen, wurde zumindest halbwegs vernünftiges Spiel wieder möglich. Zudem konnten diese Zeitgutschriften, sofern nicht vollständig in Anspruch genommen, kumuliert werden und so die gesamte noch zur Verfügung stehende Bedenkzeit erhöhen!

Dies ist ein entscheidender Unterschied zur ursprünglichen Idee von David Bronstein, welche dieser bereits 1973 in einem Zeitungsartikel formuliert hatte[12)], und die als sogenannter 'Bronstein-Modus' die Funktionspalette der Digitaluhren erweiterte. In dieser eher selten verwendeten Variante verfallen nach jedem Zug die nicht vollständig beanspruchten Zeitgutschriften, eine Addition der Restguthaben zur Gesamtzeit ist somit nicht möglich.

11) Abstract zu Fischers Patent 1988

12) David Bronstein, Tom Fürstenberg: Der Zauberlehrling, Edition Olms, Zürich 1997, S. 215

Bei beiden Methoden der Zeitgutschrift ist das 'Startkapital' an Bedenkzeit entsprechend zu reduzieren um die ursprüngliche Gesamtbedenkzeit im Mittel beizubehalten. Ab Ende des 20. Jahrhunderts immer häufiger anzutreffen, ist diese moderne Form der Bedenkzeitregelung mittlerweile zum Standard geworden, sowohl bei Turnieren mit mehrstündiger Bedenkzeit als auch bei Rapid- und Blitzturnieren.

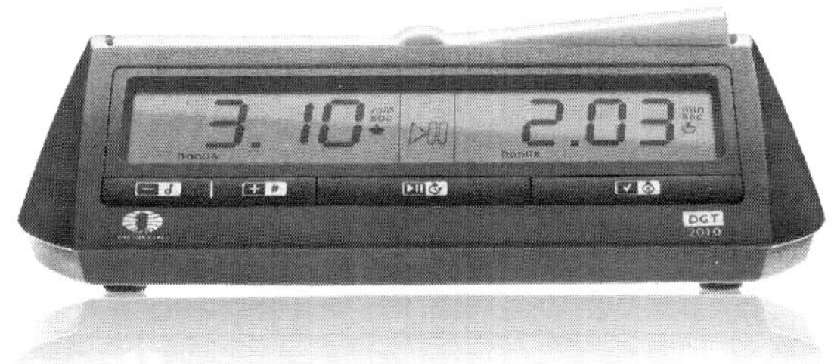

Abb. 7: Digitale Schachuhr von DGT, Niederlande, 2010

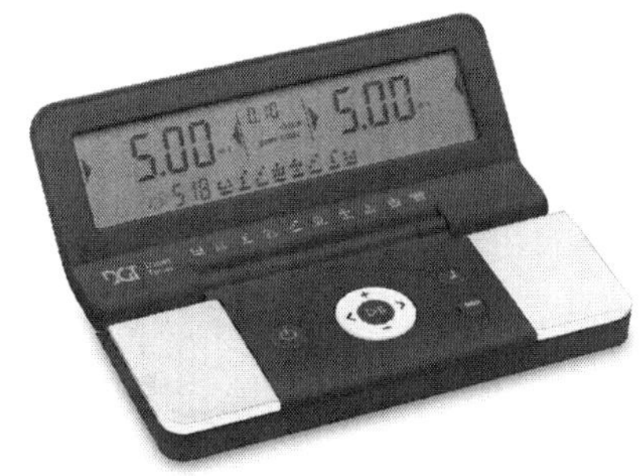

Abb. 8: Kompaktmodell ‚Time Travel' von DGT

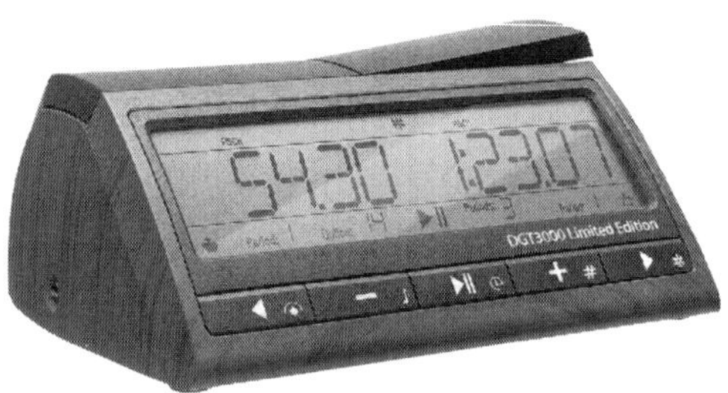

Abb. 9: Aktuelles Modell 3000 (Limited Edition) von DGT

Die Entwicklung der Bedenkzeiten

Schnell, noch schneller, so schnell wie möglich

(Tempoangabe von Robert Schumann zu einem seiner Klavierwerke)

Die folgende Übersicht zeigt, wie sich die Beschränkung der Bedenkzeit und die Messmethoden im Laufe der Jahre entwickelt haben.

Jahr	Veranstaltung	Bedenkzeit	Zeit / Zug	Messmethode
1853	Match Harrwitz - Löwenthal	20 Minuten pro Zug	20 Minuten	**Sanduhren**
1866	Match Anderssen - Steinitz	20 Züge / 2 Stunden	6 Minuten	**Stoppuhren**
1883	Turnier in London	15 Züge / 1 Stunde	4 Minuten	**Doppeluhren**
1886	WM-Kampf Steinitz - Zukertort	30 Züge / 2 Stunden 15 Züge / 1 Stunde	4 Minuten	Doppeluhren
1908	WM-Kampf Lasker -Tarrasch	15 Züge / 1 Stunde	4 Minuten	Doppeluhren
1922	Turnier in Hastings	17 Züge / 1 Stunde	3,5 Minuten	Doppeluhren
1927	Turnier in New York	40 Züge / 2,5 Stunden 20 Züge / 1 Stunde	3,5 Minuten	Doppeluhren
1986	Olympiade in Dubai	40 Züge / 2 Stunden 20 Züge / 1 Stunde **30 Minuten / Rest**	3 Minuten	Doppeluhren
1992	Match Fischer - Spasski	40 Züge / 110 Min. 20 Züge / 40 / 30 / 20 Min. **+ 1 Minute / Zug**	3,5 Minuten	**Digitaluhren**
1997	FIDE-WM (Knockout)	40/20 Züge / 100/50 Min. 10 Minuten / Rest **+ 30 Sekunden / Zug**	3 Minuten	Digitaluhren
2007	World Cup Russland	40 Züge / 120 Minuten 30 Minuten / Rest + 30 Sekunden / Zug	3 Minuten	Digitaluhren
2008	WM-Kampf Anand - Kramnik	40/20 Züge / 120/60 Minuten 15 Minuten / Rest + 30 Sekunden ab 61. Zug	3 Minuten	Digitaluhren
2012	Masters Final SaoPaulo/Bilbao	40 Züge / 90 Minuten 60 Minuten / Rest + 10 Sekunden ab 41. Zug	2,5 Minuten	Digitaluhren
2013	WM-Kampf Ushenina - Hou	40 Züge / 90 Minuten 30 Minuten / Rest + 30 Sekunden / Zug	2,5 Minuten	Digitaluhren
2018	WM-Kampf Carlsen - Caruana	40/20 Züge / 100/50 Minuten 15 Minuten / Rest + 30 Sekunden / Zug	3 Minuten	Digitaluhren
2019	World Cup Russland	40 Züge / 90 Minuten 30 Minuten / Rest + 30 Sekunden / Zug	2,5 Minuten	Digitaluhren

Aus der Tabelle ist klar ersichtlich, dass das Schach seit Einführung der Zeitmessung Mitte des 19. Jahrhunderts bis zum heutigen Zeitpunkt eine deutliche Geschwindigkeitszunahme erfahren hat, und zwar relativ gleichmäßig über die ganze Periode verteilt. Heute wird Schach fast doppelt so schnell gespielt wie vor 150 Jahren, die durchschnittlich verfügbare Bedenkzeit pro Zug ist von 4 auf etwa 2,5 Minuten gesunken. Ab 1927 hat sich das Tempo für längere Zeit stabilisiert, die Kadenz von 40 Zügen in zweieinhalb Stunden und danach jeweils 20 Zügen in einer Stunde (mit Hängepartie) erwies sich als angemessen und wurde während 60 Jahren bei allen großen Turnieren und Wettkämpfen eingesetzt.

An dieser Normierung der Bedenkzeit war der 1924 gegründete Weltschachverband FIDE (Fédération Internationale des Échecs) maßgeblich beteiligt. Einschneidende Änderungen verfügte die FIDE dann erstmals zur Schacholympiade in Dubai 1986. Neben einer weiteren Verkürzung der Bedenkzeit (40 Züge in 2 Stunden) wurde auch die Gesamtspieldauer limitiert, indem die Hängepartien abgeschafft und durch das drastische Prinzip des 'Sudden Death' ersetzt wurden. Nach 60 Zügen erhalten beide Spieler noch je eine halbe Stunde, innerhalb derer sie die Partie beenden müssen, ansonsten dann das Fallblättchen die Entscheidung herbeiführt.

Die Abschaffung der nicht mehr zeitgemäßen Hängepartien wurde in der Folge allgemein begrüßt. Abgesehen davon, dass die Spieler nun wieder 'mit gleichen Waffen' kämpften (denn weder Beraterstab noch Computeranalysen konnten das Ergebnis beeinflussen), wurde auch die Organisation der Turniere dadurch wesentlich vereinfacht.

Eine Partie dauerte somit also maximal noch 7 Stunden.[13)] Diese Kadenz etablierte sich in den folgenden Jahren als Standard und wird auch heute noch allgemein als 'klassische' Bedenkzeit betrachtet. Eine sozusagen optimale Zeitspanne, innerhalb derer das schachliche Potenzial bezüglich Tiefe der Strategien und Originalität der Ideen voll ausgeschöpft werden kann und die auch den Ansprüchen der Ästheten, Perfektionisten und Künstler unter den Schachmeistern genügt. Die Qualität der Partien ist bei diesem Spieltempo dementsprechend hoch und die Fehlerquote liegt auf einem akzeptablen Niveau.

Seit der Einführung der digitalen Uhren in den Neunzigerjahren wird zudem durchweg die dadurch ermöglichte automatische Zeitgutschrift angewendet (in den letzten Jahren bereits ab dem ersten Zug), und zwar hauptsächlich im Fischer-Modus, das heißt mit Kumulierung des nicht beanspruchten Inkrements.

---

13) Mit der Inkrement-Regelung könnten die Partien nun theoretisch aber deutlich länger dauern.

Die heutigen Regelungen

Die FIDE unter ihrem damaligen allmächtigen Präsidenten Kirsan Iljumschinow verfügte zu Beginn des 21. Jahrhunderts in selbstherrlicher Manier immer kürzere Bedenkzeiten für die offiziellen Turniere. Die Spieler sollten sich selbstverständlich danach richten, obwohl Umfragen bei Großmeistern klar ergeben hatten, dass eine weitere Verkürzung der Bedenkzeiten mehrheitlich nicht erwünscht war.

Die Großmeistergilde sprach sich im Prinzip für zwei Kadenzen aus: Sieben Stunden (klassisch) für die Weltmeisterschaftskämpfe (inklusive Qualifikationsturniere) und die großen Turniere, vier Stunden für alle anderen Veranstaltungen. Die Proteste der Spieler und der Landesverbände, die eine solche Beschneidung ihres geliebten Spiels nicht ohne weiteres hinnehmen wollten, stießen beim Weltverband anfänglich auf taube Ohren.

Für eine Verkürzung der Bedenkzeiten wurden von Verbandsseite her organisatorische und mediale Argumente ins Feld geführt: Einerseits konnten dadurch kürzere Turniere mit mehreren Runden pro Tag durchgeführt werden, andererseits sollte dem Schach durch schnelleres Spiel zu mehr Präsenz in den Medien verholfen werden (diese These ist sehr umstritten, wie wir später sehen werden). Eine erhöhte Attraktivität für Sponsoren würde ja schließlich den Schachspielern selbst zugute kommen. Der Aufschrei der Schachgemeinde zeigte dann aber doch noch Wirkung und die FIDE musste teilweise wieder zurückkrebsen.

Danach wurden vor solch einschneidenden Regeländerungen Umfragen bei den Großmeistern durchgeführt, beziehungsweise deren professionelle Vereinigungen kontaktiert. So ist im März 2007 bei einem Treffen zwischen dem FIDE-Präsidenten Iljumschinow und dem Präsidenten der ACP (Association of Chess Professionals), Pavel Tregubov, folgendes vereinbart worden.

Turnierschach wird grundsätzlich in 3 verschiedenen Kadenzen gespielt: Klassisch, Rapid (Schnellschach) und Blitz. Für jede Kategorie sollte ab Ende 2007 ein separates Rating eingeführt werden, doch erst 2012 führte die FIDE entsprechende zusätzliche Wertungen ein. Die vorgeschlagenen Bedenkzeiten sahen im Detail folgendermaßen aus:

Klassisch – 100 Minuten für 40 Züge + 50 Minuten für den Rest der Partie mit einer Gutschrift von 30 Sekunden pro Zug ab Zug 1 (für digitale Uhren) und 120 Minuten/40 + 60 Minuten (für mechanische Uhren)

Rapid – 20 Minuten + 10 Sekunden (digital) und 25 Minuten (mechanisch)

Blitz – 3 Minuten + 2 Sekunden (digital) und 5 Minuten (mechanisch)

Die Weltmeisterschaften und der Weltcup werden klassisch gespielt, alle anderen Veranstaltungen sollen als Rapidturniere abgehalten werden! Die Landesverbände wurden angehalten, diese neuen offiziellen Kadenzen ebenfalls zu benutzen. Es war aber schlichtweg unvorstellbar, dass Einzel- und Mannschaftsmeisterschaften der einzelnen Länder als Schnellschachturniere gespielt werden sollen, von den großen internationalen Turnieren ganz zu schweigen.

Die ACP hat deshalb in einer Mitteilung vom September 2007 der FIDE einen neuen und vernünftigeren Vorschlag zur Standardisierung der Bedenkzeiten unterbreitet.[14)] Darin wird empfohlen, die klassische Bedenkzeit in zwei verschiedene Kadenzen aufzuteilen, eine 'längere' mit 100 Minuten/40 + 50 Minuten/20 + 15 Minuten + 30 Sekunden pro Zug für die WM-Matches und eine 'kürzere' mit 90 Minuten/40 + 30 Minuten + 30 Sekunden pro Zug für die restlichen Veranstaltungen.

Zum jetzigen Zeitpunkt (2020) haben sich diese Zeitkontrollen mehrheitlich durchgesetzt und bewährt. Und da sich die Großmeister in Umfragen klar dafür ausgesprochen haben, erfolgen seit einigen Jahren die Zeitgutschriften in der Regel bereits ab dem ersten Zug. Auch die schnelleren Kadenzen bewegen sich heute auf dem Niveau von 2007. So wurde die Rapid-WM 2019 mit 15 Minuten + 10 Sekunden Inkrement, die Blitz-WM mit 3 Minuten + 2 Sekunden ausgetragen.

Ein weiteres momentan diskutiertes Thema, welches ebenfalls die Zeitbeschränkung anbetrifft, ist die Anwesenheitspflicht bei Rundenbeginn. Bei der Schacholympiade 2008 in Dresden führte die FIDE erstmals die strikte Regelung ein, dass die Spieler zu Beginn der Runde zwingend an ihrem Platz sein müssen. Falls ein Spieler auch nur eine Minute zu spät kommt, verliert er die Partie kampflos!

Bis dahin war es den Spielern erlaubt, bei klassischen Bedenkzeiten den ersten Zug spätestens noch eine Stunde nach Partiebeginn auszuführen (und auch bei kürzeren Kadenzen durfte man natürlich später erscheinen). Aus welchen Gründen auch immer die FIDE diese neue Regelung einführte, es hält sich hartnäckig das Gerücht, dies sei eine späte Rache Iljumschinows, weil er bei der Eröffnung des WM-Finales Karpow – Anand (Lausanne 1998) lange auf Titelverteidiger Karpow warten musste.

Wie dem auch sei, es gibt gute Argumente sowohl für als auch gegen diese Null-Toleranz-Regel. Doch dass im Amateurbereich eine derart strenge Richtlinie nicht sehr sinnvoll ist, hat die FIDE mittlerweile eingesehen und sie lässt den Organisatoren nun freie Hand bei der Ausgestaltung der Toleranzgrenze.

---

14) ACP Announcement 16.9.2007

Die meisten Turnierveranstalter und Landesverbände sind unterdessen denn auch wieder zu den früheren Regelungen zurückgekehrt. Die psychologischen Auswirkungen des 'Zuspätkommens', ob absichtlich oder nicht, sind jedenfalls für beide Spieler beträchtlich und wir werden später noch darauf zu sprechen kommen.

Schach als Spiegel der Gesellschaft

Dem Schachspiel wird generell ein eigener Mikrokosmos zugestanden, und der in die Stellung vertiefte Spieler ist ja tatsächlich vollständig in eine andere Welt eingetaucht. Aber wiewohl das Schach auch eine Oase der Ruhe und Muße inmitten des pulsierenden Lebens sein kann, so ist es doch kein vollständig von der realen Welt abgekoppeltes und für sich allein existierendes, autonomes System. Im Gegenteil, es ist in höchstem Maße von der Gesellschaft abhängig und wird von ihr und ihren Veränderungen direkt beeinflusst. Anhand seiner Jahrtausende alten Geschichte lässt sich sehr gut verfolgen, wie sich das Spiel mitsamt seiner Stellung, Bedeutung und Akzeptanz innerhalb der jeweiligen Gesellschaft veränderte.

Beispielsweise erfuhr das Schach im 15. Jahrhundert eine grundlegende Reform der Spielregeln: Durch den vergrößerten Aktionsradius des Läufers und der Dame wurde es wesentlich dynamischer und schneller und der Doppelschritt des Bauern und die Rochade machten es schließlich zu dem, was wir unter 'modernem Schach' verstehen. Diese Neugestaltung des Spiels fällt zeitlich genau in die Epoche der Renaissance und entspricht voll und ganz dem damaligen Zeitgeist von Umbruch und Erneuerung.

Auch die Festlegung internationaler und allgemeingültiger Regeln koinzidiert auf bemerkenswerte Weise mit dem länderübergreifenden Wesen dieser kulturellen Bewegung, die sich von Italien aus über ganz Europa ausbreitete, genau wie das Schach zu jener Zeit seinen Weg von Italien aus zuerst nach Frankreich und England nahm und diesen später nach Deutschland und Russland fortsetzte.

Die vermehrt stattfindenden Wettkämpfe widerspiegeln die damals vorherrschende Stimmung in der Gesellschaft, in welcher Leistung und Errungenschaft in zunehmendem Maße respektiert wurden. Und im Zuge des Aufschwungs der Wissenschaften rückte auch das Schach vermehrt in den Fokus von Lehre und Forschung. Davon zeugen unter anderem die vielen Werke über das Schachspiel, die ab dieser Epoche veröffentlicht wurden.

Die Problematik der Bedenkzeitregelung und die Einführung der Schachuhr lassen sich ebenfalls sehr aufschlussreich hinsichtlich der Parallelen zwischen Schach und Gesellschaft betrachten. Die Einführung geregelter Bedenkzeiten im Schach entsprach in diesem Sinne genau dem damaligen Zeitgeist, der unter anderem vom Bedürfnis nach Ordnung und Regulierung geprägt war. Und auch die Schachuhr, selber eine technische Errungenschaft in einer zunehmend technisierten Gesellschaft, verkörperte im 19. Jahrhundert exakt die Kennzeichen der Industrialisierung, insbesondere gesteigerte Schnelligkeit und Genauigkeit der maschinellen Abläufe.

Die stetige Verkürzung der Bedenkzeiten im Laufe des 20. Jahrhunderts kann treffend mit dem technisch-wissenschaftlichen Fortschritt und dem daraus resultierenden Geschwindigkeitszuwachs in der modernen Gesellschaft erklärt werden. Ebenso korreliert die auf die Jahrtausendwende hin einsetzende nochmalige massive Verknappung der Bedenkzeiten offensichtlich mit der durch Computertechnologie verursachten Beschleunigung aller Prozesse innerhalb der Gesellschaft.

Zeit versus Qualität

Die Beschränkung der Bedenkzeit war von Anfang an, obwohl offenbar unumgänglich, höchst umstritten. Wie auch heutzutage argumentierten die Gegner damals, dass unter einer Verkürzung der Bedenkzeit zwangsläufig der künstlerische und schöpferische Aspekt des Schach leiden und das kämpferische, intuitive Element zu stark gewichtet würde. Schach ist aber eben zuallererst einmal ein Spiel, ein Kampf. Der Verlierer kann noch so schön gespielt haben, er hat doch verloren.

Trotzdem taucht die Frage nach der Motivation auf: Spielt man Schach um zu gewinnen oder weil man einfach Freude am Spiel und an interessanten Partien hat? Wohl zählt für jeden Spieler in erster Linie der Sieg, von der Nachwelt gewürdigt und immer wieder nachgespielt werden allerdings nur solche Partien, die den Ansprüchen der Schachliebhaber in Bezug auf Stil, Kunst, Kreativität und natürlich auch Qualität genügen. Der Verlierer einer Glanzpartie darf folglich trotz Niederlage zu Recht auch stolz darauf sein, seinen Teil zum Meisterwerk beigetragen zu haben. Die tiefste Befriedigung und die höchsten Gefühle erfährt ein Schachspieler also in der Regel durch den Gewinn einer ästhetisch ansprechenden, gehaltvollen und möglichst fehlerfreien Partie.

Als weiteres Argument gegen eine zusätzliche Einschränkung der Bedenkzeit wird oft auch die dadurch abnehmende Qualität der Partien angeführt. Dass schneller gespielte Partien höhere Fehlerraten aufweisen (und deshalb weniger wertvoll sind) ist indessen nur ein Scheinargument, denn zumindest bis jetzt existiert noch keine endgültige Wahrheit im Schach. Die vollkommene Schachpartie wird es, falls sie überhaupt möglich ist, noch lange nicht geben. Solange Menschen Schach spielen werden sie zwangsläufig auch Fehler machen.

Fehlerhafte Züge werden also auch in Partien mit reichlich Bedenkzeit gemacht, sie erfolgen einfach auf einem höheren Niveau, sind eher positioneller Natur und deshalb weniger offensichtlich und schockierend als grobe taktische Schnitzer beispielsweise in einer Blitzpartie.

Selbst wenn man leistungsfähige Computer lange über einer Stellung brüten lässt, werden sie durch ihren zwar extrem weiten, aber eben dennoch begrenzten Rechenhorizont bisweilen suboptimal agieren, da sie den jeweils besten Zug nicht immer zwingend finden werden. Ganz davon abgesehen, dass sich durch die in heutigen Schachprogrammen eingebauten Bewertungsfunktionen eine Stellung zwar schon sehr genau beurteilen lässt, die Aufstellung, Auswahl und Gewichtung der einzelnen Kriterien und Stellungsmerkmale hingegen nach wie vor durch den Menschen erfolgen und die damit durchgeführten Bewertungen deshalb keinesfalls vollkommen sein können.

Anscheinend sind, jedenfalls zum heutigen Zeitpunkt und für unsere Begriffe, Fehler beim Schachspiel immanent. Es ist denn auch eine unumstößliche Wahrheit, dass nicht nur die schönsten und genialsten Partien fehlerbehaftet sind, sondern gleichsam alle Gewinnstellungen und taktischen Kombinationen aus durch Fehler verursachte Störungen des schachlichen Gleichgewichts resultieren.

Das einzige Argument, das wirklich gegen eine Reduktion der Bedenkzeiten sprechen könnte, ist die durch Zeitknappheit bedingte beschränkte Tiefe der entwickelten Ideen, Pläne und Strategien. Es scheint dem Grundprinzip des Denkspiels Schach zu widersprechen, wenn den Spielern nicht genügend Zeit zum Denken zugestanden wird.

Welche Kadenz entspricht denn dem Wesen des Schach am besten? Glücklicherweise ist unser Spiel derart komplex und facettenreich, dass es darauf keine schlüssige Antwort gibt. Die Frage muss deshalb lauten: Welche Kadenz entspricht dem Menschen am ehesten? Auch auf diese Frage gibt es natürlich keine eindeutige Antwort, dazu sind die Menschen zu verschieden. Dem Spieler sind beim Schach lediglich physiologische Grenzen gesetzt: Die Schnelligkeit des menschlichen Denk- und Bewegungsapparates ist limitiert und auch die Ausdauer und Konzentrationsfähigkeit ist beschränkt. Innerhalb dieser Grenzen jedoch ist alles möglich!

Schnelles Schach? Langsames Schach? Schach!

Im Laufe der Zeit haben sich, den Ansprüchen und Neigungen der Schachspieler entsprechend, mehrere grundlegende Kadenzen herauskristallisiert und zu Standard-Bedenkzeiten entwickelt. Neben den Turnieren und Wettkämpfen mit 'klassischen' Bedenkzeiten (durchschnittlich etwa 3 Minuten pro Zug) werden seit dem frühen 19. Jahrhundert Fernschachpartien ausgetragen, bei denen die Spieler Tage und Wochen über einem einzigen Zug brüten und die Turniere sich über mehrere Jahre erstrecken können.

Als die Methoden der Zeitmessung später schnelle Zugfolgen ermöglichten, wurde Blitzschach (5 Minuten pro Partie) außerordentlich populär. Heutzutage werden freie Partien in Clubs und Schachcafés sowie im Internet hauptsächlich als Blitzpartien gespielt. Blitzschach ist trotz minimaler Bedenkzeit richtiges Schach, es macht großen Spaß (vor allem auch gerade des Zeitdrucks wegen!) und nach einer verlorenen Partie stellt man die Figuren einfach wieder auf und beginnt eine neues Spiel.

Im Unterschied zu den ernsten und langwierigen Turnierpartien, die oft nach harter Arbeit aussehen, haben Blitzpartien den Charakter erholsamer und unterhaltender Freizeitaktivität, obwohl solche Partien unter Meistern ebenfalls sehr gehaltvoll sein können. Offensichtlich entspricht dieses schnelle Spiel seit jeher einem Bedürfnis der Schachspieler und ist nicht oder nur bedingt dem herrschenden Zeitgeist zuzuordnen.

Und es geht es sogar noch schneller: Dank der modernen Kommunikationsmittel hat sich mittlerweile Bullet-Schach (1 Minute pro Partie) als zusätzliche Standard-Bedenkzeit beim Spiel auf Internetservern etabliert. Die ultimativ schnellste Form von Schach aber ist das sogenannte 'Kung Fu Schach' (Real Time Chess), bei dem die eigenen und die gegnerischen Züge alle gleichzeitig erfolgen dürfen.

An dieser Stelle ist unbedingt auch auf das äthiopische Schach namens 'Senterej' hinzuweisen. Von den Arabern übernommen, wird es dort seit mehreren Jahrhunderten auf die gleiche Weise gespielt. In Abweichung zum bekannten Schach gibt es vor dem eigentlichen Spiel eine Mobilisierungsphase: Beide Spieler können Figuren bewegen, so schnell oder so langsam sie wollen – und zwar ohne darauf zu warten, dass der Gegner zieht! Dabei ist auch eine Art Rochade möglich.

Dieses Stadium endet, sobald die erste Figur geschlagen wird. Ab jenem Moment ziehen dann beide abwechselnd. Der Ursprung dieser Spielweise liegt wohl in den sogenannten 'Tabiyas', den früher im persisch-arabischen 'Schatrandsch' üblichen, jedoch (im Unterschied zum 'Senterej') statisch vorgegebenen Aufstellungen der Figuren vor Beginn der Kampfhandlungen.

Gegen Ende des 20. Jahrhunderts wurde durch den Weltschachverband FIDE das Rapid- oder Schnellschach (welches mit 20-30 Minuten pro Partie zwischen Blitz- und Turnierschach angesiedelt ist) als zusätzliche Kadenz mit eigener internationaler Wertung propagiert. Die zugrundeliegende Idee war einerseits, Schach für Zuschauer und Sponsoren attraktiver und telegener zu machen, andererseits sollte diese Beschleunigung die Anstrengungen des Verbandes unterstützen, Schach zu einem olympischen Sport zu machen.

Bis heute ist allerdings weder das eine noch das andere Ziel erreicht worden. Schach wird eben nicht verständlicher, interessanter oder 'sportlicher', weil es schneller gespielt wird. Spektakulärer als klassisches Schach wirkt Schnellschach allenfalls auf Zuschauer, die über das erforderliche Schachverständnis verfügen, um das Geschehen auf dem Brett überhaupt erfassen zu können.

Aber warum soll Schach denn auf diese Weise vermarktet werden? Müsste man ihm nicht viel eher seinen Status als königliches Spiel belassen – als Spiel der Spiele? Diese Position, die es durch seine Erhabenheit, seine Schwierigkeit, seine Ästhetik und seine unzeitgemäße Langsamkeit erlangt hat, darf nicht durch eigentlich wohlgesinnte Bemühungen, das Spiel mittels Zeitverkürzung zu modernisieren, gefährdet werden. Schach mit seiner weit über tausendjährigen Geschichte und seiner einzigartigen Kombination aus Kunst, Wissenschaft und Spiel hat es doch gar nicht nötig, sich mit anderen Spiel- und Sportarten in der heutigen schnelllebigen und oberflächlichen Welt zu vergleichen und zu diesen in Konkurrenz zu treten.

Schach ist Schach und wird uns alle überleben!

Zeitmanagement

Es ist nicht wenig Zeit, die wir zur Verfügung haben, sondern es ist viel Zeit, die wir nicht nutzen.

(Seneca)

Einleitung

Der Gegner ist innerhalb der vorgegebenen Zeit mattzusetzen! Auf diesen einfachen Grundsatz läuft letztendlich das Schachspiel mit beschränkter Bedenkzeit hinaus. Innerhalb der vorgegebenen Zeit: Diese Restriktion stellt auf den ersten Blick keine allzu hohe Hürde dar. Allerdings vermittelt die enorme Anzahl von Partien, die seit Einführung der Schachuhr vor etwa 150 Jahren verdorben wurden, weil die Spieler an eben dieser Hürde gestrauchelt sind, ein ganz anderes Bild. Die sträfliche Unterschätzung des Faktors Zeit und das Unvermögen vieler Schachspieler, die zur Verfügung stehende Bedenkzeit vernünftig einzuteilen, sind die Hauptursachen für dieses scheinbar verzerrte Abbild der rein schachlichen Stärkeverhältnisse.

Die Zeit ist mittlerweile integraler Bestandteil des Schach und jeder Schachspieler muss die Fähigkeit besitzen, mit ihr umzugehen, genauso wie er etwa die Kunst der Kombination beherrschen oder die Feinheiten des Endspiels kennen muss.[15)] Es kann also keinesfalls von einer Verfälschung des Resultates die Rede sein, nur weil ein Spieler durch unzureichende Einteilung der Bedenkzeit die Gewinnstellung nicht zum Sieg zu führen imstande ist, ja die Partie deswegen vielleicht sogar noch verloren geht! Zeitmanagement darf nicht von der Partie isoliert betrachtet werden, es ist vielmehr untrennbarer Bestandteil des Schachspiels. Die Verinnerlichung dieses elementaren Grundsatzes ist für jeden Turnierschachspieler Pflicht und dieses Buch möchte dem ambitionierten Spieler das hierzu nötige Hintergrundwissen vermitteln und geeignete Methoden zur erfolgreichen Anwendung mit auf den Weg geben.

---

15) Alexander Aljechin: "The ability to manage time is as important as the ability to play endgames" („Die Kunst der Zeitverwaltung ist ebenso wichtig wie die Beherrschung des Endspiels")

Einteilung der Bedenkzeit

Angenommen, wir müssten die ersten 40 Züge einer Partie in zwei Stunden ausführen. Naheliegend wäre es demnach, jedem Zug drei Minuten zuzuteilen und jeweils spätestens nach diesen drei Minuten zu ziehen. Mit dieser Methode käme man gegen Ende der Partie sicher nicht in Zeitnot. Dass jedoch eine solch starre Einteilung einer Schachpartie mit ihren unterschiedlich intensiven Phasen und kritischen Momenten nicht gerecht wird, hat man bereits Mitte des 19. Jahrhunderts erkannt, als man versuchte, eine geeignete Methode zur Beschränkung der Bedenkzeit zu finden und dabei anfänglich jedem Zug eine feste, maximale Bedenkzeit zuwies.

Ein Festhalten an einer solch fixen Rate erscheint weder wünschenswert noch praktikabel, obwohl manchem Spieler mit Entscheidungsschwierigkeiten damit außerordentlich gedient wäre. An dieser Stelle ist anzumerken, dass jene Art der Zeitbegrenzung, wenn auch eher selten, immer noch praktiziert wird. In den Dreißigerjahren beispielsweise war das Spiel mit 10 Sekunden pro Zug in den Clubs und Schach-Cafés in Amerika die gängige Form des Blitzens.[16)]

Die Bedenkzeit sollte also vielmehr variabel eingeteilt werden können, und zwar ausgerichtet auf die jeweilige Spielsituation und Partiephase. Aber eine dem Geschehen auf dem Brett angepasste Verwaltung der Zeitreserven ist alles andere als einfach und verlangt vom Spieler einen konsequenten und disziplinierten Umgang mit der zur Verfügung stehenden Zeit. Die großen Freiheiten, über die der Spieler bei der Einteilung seines Zeitvorrats verfügt, verpflichten ihn im Gegenzug, selbständig immer wieder eine wichtige Entscheidung zu treffen: Soll er auf der Suche nach einem besseren Zug noch mehr seiner ohnehin knappen Bedenkzeit investieren oder gibt er sich mit dem aktuellen Kandidaten zufrieden? Dieser ist zwar vielleicht nicht der beste Zug, doch ist wenigstens das Verhältnis der aufgewendeten Bedenkzeit zur Güte des Zuges akzeptabel.

Denn ob bei einer Ausweitung der Suche überhaupt ein besserer Zug gefunden wird, der den damit verbundenen Mehraufwand an Zeit rechtfertigen würde, ist natürlich ungewiss und das Risiko der Verschwendung wertvoller Bedenkzeit ist beachtlich. Außerdem muss in Betracht gezogen werden, dass die Partie, obwohl bereits jetzt schon schwierig, später vielleicht sogar komplexere Stellungen beinhalten wird, zu deren Verständnis noch mehr Bedenkzeit benötigt wird.

---

16) Arnold Denker: The Bobby Fischer I knew and other stories, Hypermodern Press, San Francisco 1995, S. 44/45

Aufgrund dieser Überlegungen drängen sich weitere essenzielle Fragen auf: Wie lange darf maximal über einen Zug nachgedacht werden? Sind Ausnahmen möglich? Und wenn ja, gibt es eine absolute Obergrenze, die auf keinen Fall überschritten werden darf? Dass es bereits auf derartig elementare Fragestellungen keine eindeutigen Antworten gibt, lässt erahnen, wie schwierig aber auch wie reizvoll dieses Thema wirklich ist.

Von Bobby Fischer wird gesagt, dass er, von ganz wenigen Ausnahmen abgesehen, nie länger als 10 Minuten über einen Zug nachdachte, weder in komplizierten Stellungen noch in jenen kritischen Momenten, die ausschlaggebend für die zukünftige Richtung und den Charakter einer Partie sind. Er kam dadurch höchst selten in Zeitnot, seine Gegner hingegen schon! Natürlich war Fischer ein mit viel Selbstvertrauen ausgestatteter, äußerst schneller und präziser Denker, und es ist offensichtlich, dass die strikte Einhaltung eines solch hohen Tempos die meisten Schachspieler ganz klar überfordern würde.

Trotzdem scheint diese Methode prinzipiell richtig zu sein, denn es geht in der Praxis ja gar nicht darum, jedes Mal den allerbesten Zug zu finden, sondern jeweils nur den bestmöglichen Zug innerhalb der zur Verfügung stehenden Zeit. Dieses Vorgehen ist eine der zentralen Thesen des Zeitmanagements und wir werden später ausführlich darauf zu sprechen kommen.

Natürlich müssen Abweichungen von diesem starren Muster möglich sein, sie dürfen nur nicht zu selbstverständlichen Ausnahmen von der Regel werden. Zu solch längeren Denkphasen einen allgemeingültigen Höchstwert zu definieren ist nicht möglich, da eine derartige Begrenzung neben Partiestadium, Partieverlauf und Restbedenkzeit auch von den individuellen Vorlieben und Fähigkeiten des Spielers abhängig ist. Generell kann jedoch festgehalten werden, dass übermäßig langes Nachdenken erfahrungsgemäß selten den gewünschten Erfolg bringt. Es sprechen im Gegenteil diverse Gründe dagegen, einem einzelnen Zug dermaßen viel Zeit zu widmen und ihm dadurch eine nachträglich kaum zu rechtfertigende Sonderstellung einzuräumen.

Wir werden nun konkreter und beleuchten das Zeitmanagement in einer Partie mit klassischer bzw. langsamer Kadenz. Den Besonderheiten von schnelleren Tempi, insbesondere Blitz, ist später ein eigenes Kapitel gewidmet.

Zeitverwaltung in der Eröffnung

Die Eröffnungsphase einer Schachpartie unterscheidet sich nicht nur spieltechnisch stark von den folgenden Partiestadien, sondern sie verlangt auch ein speziell ihren Eigenheiten angepasstes Zeitmanagement. Um dieses genau untersuchen zu können, unterteilen wir die Eröffnung in eine Initialphase sowie eine Start-, Mittel- und Endphase.

Die Initialphase

Unter der Initialphase verstehen wir den Moment zu Partiebeginn, in dem sich der Spieler auf die Umgebung und die Spielbedingungen, auf die bevorstehende Partie, seinen Gegner und insbesondere auf die Eröffnung einstimmt und konzentriert. Auch wenn die Uhr bereits läuft, ist die hierfür verwendete Bedenkzeit gut investiert und kann später mit zügigem und selbstsicherem Spiel mehr als wettgemacht werden. Dieser wichtige Zeitpunkt, der sich auf die ganze Partie auswirkt, wird einerseits von vielen Spielern sträflich vernachlässigt, während andererseits einige wenige in stark übertriebener Manier damit umgehen.

Zu den bekanntesten Schachmeistern, die in dieser Vorspielphase zu exzessivem Zeitverbrauch neigen, gehörten sicherlich David Bronstein und Samuel Reshevsky. Sie verfielen oft bereits vor dem ersten Zug während Dutzenden von Minuten in eine Art Meditation. Solch exzentrischer Umgang mit der Bedenkzeit zahlt sich aber selten aus. Im Gegenteil, die beiden Langsamstarter gerieten dadurch spätestens gegen Schluss der Partie regelmäßig unter Zeitdruck und sind nicht zuletzt auch deswegen große Zeitnot-Spezialisten geworden (doch darüber später mehr).

Sofern entsprechende Überlegungen nicht bereits lange vor Partiebeginn angestellt worden sind, sollte sich der Spieler unbedingt *vor* den ersten Zügen Gedanken zu Gegner und Partieanlage machen. Unser Wissen über den Gegners hat entscheidenden Einfluss auf die Spielgestaltung: Welche Erfahrungen haben wir mit diesem Spieler? Mit welchen Eröffnungen haben wir positive Resultate erzielt? In welchen Eröffnungen kennt er sich gut aus? Hat er in der letztmals gespielten Variante eventuell eine Neuerung vorbereitet? Welches sind seine Stärken und Schwächen? Ist er ein Angriffsspieler oder ein Verteidigungskünstler? Spielt er eher positionell oder liebt er taktische Komplikationen?

Aufgrund dieser Kenntnisse werden wir dann eine bestimmte Eröffnung wählen – oder eine andere möglichst verhindern, um danach zu versuchen, in eine uns genehme Variante einzulenken. Und wenn der Gegner ein Unbekannter ist, so werden wir unser Spiel diesem Umstand anpassen und uns anfänglich vorzugsweise abwartend verhalten, keine allzu risikoreiche Eröffnung wählen und uns nicht bereits zu Beginn auf unbekanntes Terrain begeben.

Neben all diesen den Gegner betreffenden Faktoren sind weitere wichtige Aspekte beim Spielstart ebenfalls zu berücksichtigen: Welches ist die Turniersituation? Genügt ein Remis oder muss unbedingt auf Sieg gespielt werden? Welches Resultat benötigt der Gegner? Wie steht es mit der Motivation und wie mit dem Selbstvertrauen? Fühlt man sich gut oder ist man angeschlagen? Ist man in Form oder eher nicht? Hat man einen 'Lauf' oder ist das Turnier bisher harzig verlaufen? All diese Dinge beeinflussen – ob nun bewusst oder eher unbewusst – nicht nur die im Spielverlauf zu treffenden Entscheidungen, sondern sie wirken sich bereits auf die Wahl und Behandlung der Eröffnung sowie die Partiegestaltung aus.

Hierzu ein Beispiel: Im Corus-Turnier 2010 in Wijk aan Zee verharrte der weltbeste Spieler, der Norweger Magnus Carlsen, zu Beginn seiner Partie gegen Wladimir Kramnik minutenlang regungslos und mit geschlossenen Augen auf seinem Sitz. Kramnik befürchtete bereits, Carlsen sei eingeschlafen und war nahe daran, ihn aufzuwecken. Als Weißspieler wurde Carlsen nicht etwa vom ersten Zug des Gegners überrascht, sondern er bestätigte später, dass er sich nicht schlüssig war, ob er mit e4 oder d4 eröffnen sollte.

Wie sich nachträglich herausstellte, hatte ihm sein damaliger Trainer Garri Kasparow kurz vor Partiebeginn noch eine Empfehlung gegeben, deren Für und Wider er zuerst abwägen musste.[17] Und auch nachdem er sich im Klaren war, wie er eröffnen würde, wollte er sich *vor* dem ersten Zug auf die später entstehenden Stellungsbilder einstellen und entsprechend auf die Partie einstimmen.

Zudem stellte er sich gewiss bereits jetzt die Frage, welche Abspiele im Detail aufs Brett kommen könnten und ob diese noch genau genug aus seinem Gedächtnis abrufbar wären. Und vor allem: Welche Varianten hatte er bereits gegen Kramnik gespielt? Und mit welchem Resultat? Konnte Kramnik in einer dieser Varianten womöglich mit einer unangenehmen Neuerung aufwarten?

All diese Gedanken zu wälzen kostete zwar wertvolle Zeit, die später vielleicht fehlen würde, aber Carlsen hielt diese einstimmende, meditative Konzentrationsphase für notwendig und betrachtete die aufgewendete Bedenkzeit als

17) New in Chess 7/2011, S. 6: Carlsen erhielt kurz vor Beginn der Partie einen Anruf von Kasparow mit der Warnung, dass die vorbereitete Variante ein 'Loch' habe. Carlsen versuchte dann wohl mit eigenen Berechnungen die Korrektheit von Kasparows Behauptung zu prüfen. Zudem musste er sich nach dem irritierenden Anruf wieder beruhigen und konzentrieren. Es war nämlich mit Kasparow explizit abgemacht gewesen, Magnus auf keinen Fall vor der Partie noch zu stören.

gerechtfertigte Investition. Und obwohl er diese Partie schließlich verlor, so wollen wir sein Verhalten in der Initialphase dennoch als beispielhaft im Sinne eines erfolgreichen Zeitmanagements ansehen.

Zwei weitere, ältere Beispiele: Beim Turnier in Karlsbad 1929 kam Aaron Nimzowitsch in der letzten Runde zur alles entscheidenden Partie gegen Savielly Tartakower erst 22 Minuten nach Spielbeginn ans Brett! Er war zu spät aufgestanden, wollte jedoch auf seine tägliche Morgengymnastik keinesfalls verzichten. Dank dieser hatte er nämlich auf dieses Turnier hin (seinem größten Erfolg überhaupt) eine optimistische Lebenseinstellung und schachliche Zuversicht erlangt – und zweifelsohne auch konditionelle Stärke, denn er holte aus den letzten 4 Partien 3,5 Punkte!

Trotz des Zeitrückstandes spielte er seine Züge mit großem Selbstbewusstsein und einer solchen Sicherheit, dass sich Tartakower davon beeindrucken ließ und, psychisch angeschlagen, dann tatsächlich einen entscheidenden Fehler beging.[18)]

Und Edward Winter berichtet in seinen ‚Chess Explorations‘ von einer Partie Frank James Marshall – Géza Maróczy aus dem Jahre 1926, in der Maróczy für seinen dritten Zug als Schwarzer in einer Standardvariante der französischen Verteidigung (mit 3.Sc3) sage und schreibe 45 Minuten aufgewendet hat![19)]

Da Marshall sonst immer mit d4 eröffnete, fragte sich Maróczy zu Recht, aus welchem Grund Marshall diesmal den Königsbauern gespielt hatte. Offensichtlich führte dieser etwas im Schilde! Aber was? Durfte er sich gefahrlos in diese Variante begeben? Was gab es Neues in der französischen Eröffnung? Wo war Marshall kürzlich gewesen? Wen hatte er letzthin getroffen? Auf welche Neuerung ist er in dieser Variante womöglich gestoßen?

Schließlich glaubte er zu wissen, was Marshall im Sinne hatte, und konnte dementsprechend reagieren! Marshall bestätigte nach der Partie, dass er genau die von Maróczy vermutete Neuerung testen wollte. Laut Maróczy war dieser extreme Bedenkzeitverbrauch in dieser Phase gerechtfertigt, und das Resultat gibt ihm Recht, denn er konnte die Partie gewinnen. Dennoch ist unbedingt von solchen Exzessen abzuraten, zumal doch die Frage bleibt, ob diese Zeit immer noch gut angelegt gewesen wäre, wenn Maróczy diese Partie in Zeitnot verdorben oder durch Zeitüberschreitung verloren hätte.

Wir sehen also, dass man sich durchaus bereits bei Beginn der Partie über vieles Gedanken machen kann – und muss!

---

18) Rudolf Reinhardt: Aaron Nimzowitsch 1928-35, Edition Marco/Arno Nickel, Berlin 2010, S. 120

19) Edward Winter: Chess Explorations, Cadogan, London 1996, S. 117

Die Startphase

Als Startphase in der Eröffnung wollen wir denjenigen Abschnitt bezeichnen, der die allerersten Züge der Partie beinhaltet. Haben wir uns in der Initialphase vorbereitet und eingestimmt, so können wir die Anfangszüge nun entsprechend flott ausführen, gleichwohl aber ruhig und bestimmt. Hier gilt es, nicht unnötig Zeit zu verlieren. Wir wissen, welche Eröffnung wir spielen wollen und sind grundsätzlich damit vertraut, und wenn der Gegner nicht mit uns unbekannten Zügen aufwartet, sollten wir unsere wertvolle Bedenkzeit nicht nutzlos verstreichen lassen. Außerdem geben wir dem Gegner durch selbstbewusstes und flüssiges Spiel zu Beginn zu verstehen, dass wir uns keinesfalls vor ihm verstecken.

Nun gibt es Spieler, die für jeden der ersten Züge eine Menge Zeit verbrauchen, und zwar in erster Linie, um sich ganz in das Wesen der gespielten Eröffnung zu vertiefen, die Ideen dahinter zu verstehen und nicht auswendig die Theorie abzuspulen. Diese Einstimmung (im Sinne der Initialphase) ist eigentlich durchaus lobenswert, nur sollte der Zeitaufwand für offensichtliche und zuvor bereits hundertfach ausgeführte Züge nicht übertrieben werden. Die Partie dauert schließlich noch eine ganze Weile und solche Überlegungen können etwas später auch ganz gut und sehr günstig auf Kosten der gegnerischen Bedenkzeit erfolgen.

Optimal wäre es natürlich, man hätte sich bereits *vor* der Partie auf mögliche Eröffnungen und deren Stellungsbilder eingestellt. Überhaupt lässt sich in diesen Anfangsphasen mit guter (Eröffnungs-)Vorbereitung beziehungsweise umfassenden eröffnungstheoretischen Kenntnissen sehr viel Bedenkzeit sparen. Die hierzu vor der Partie aufgewendete Zeit ist gleich in mehrfacher Hinsicht von Nutzen: Sie vermittelt dem Spieler ein Gefühl der Sicherheit (er bewegt sich auf bekanntem Terrain), die eingesparte Bedenkzeit kann im späteren Partieverlauf viel effektiver eingesetzt werden, und das Wissen um die aufgestockten Zeitreserven verleiht dem Spieler ein zusätzliches Quantum Gelassenheit.

Auf gar keinen Fall jedoch darf in der Eröffnung hastig und unüberlegt gezogen werden, nur um möglicherweise wertvolle Sekunden zu sparen. Die in Turnierpartien üblichen drei Minuten, die pro Zug zur Verfügung stehen, wollen wir (wie oben erläutert) zu Beginn keineswegs vollständig aufbrauchen, doch auf ein paar Sekunden mehr oder weniger kommt es dabei sicherlich auch nicht an. Wir wollen Ruhe bewahren, den Rhythmus finden, auf den Gegner einen souveränen Eindruck machen und nicht mit aufgeregten und fieberhaften Bewegungen den Anschein erwecken, wir hätten unsere Bedenkzeit nicht im Griff.

Äußerst wichtig ist es zudem, bei Unsicherheiten oder nicht geläufigen Zugfolgen innezuhalten und sich Zeit zu nehmen, um die Stellung genau anzuschauen und erst dann zu ziehen, wenn wir uns über den Zug und dessen Konsequenzen ganz sicher sind. Aber natürlich möchten wir nicht bei jeder möglichen Verzweigung einen längeren Halt einlegen, um uns die verschiedenen Wege anzuschauen und diese gegeneinander abzuwägen. Wir sollten stattdessen im Idealfall bereits vorab wissen, welches das Ziel unserer Reise ist, dementsprechend unsere Route festlegen und dieser so gut wie möglich auch folgen.

Die Mittelphase

Haben wir die ersten Züge der Partie erfolgreich hinter uns gebracht, so befinden wir uns in der mittleren Phase der Eröffnung. Falls sich die Partie immer noch entlang eröffnungstheoretisch bekannter Pfade bewegt, kann sich hier der mit der entsprechenden Theorie vertraute Spieler bereits einen nicht zu unterschätzenden Vorsprung an Bedenkzeitreserven verschaffen. Er kann seine Züge immer noch aus dem Gedächtnis abrufen und mehr oder weniger sofort ausführen, währenddessen sein mit weniger Theoriekenntnissen ausgestatteter Gegner schon jetzt selber überlegen muss und neben Rechenzeit auch Energie verbraucht.

Interessant ist hierzu folgende Aussage von Sammy Reshevsky: „Der Mangel an Eröffnungskenntnissen war in den Jahren der leicht errungenen Siege meiner Kindheit unwichtig, aber im jetzigen Stadium lähmte er mein Weiterkommen. Bestenfalls geriet ich in Zeitnot und war deshalb mit einer ungewöhnlich hohen Anzahl unbeendeter Partien belastet.“[20)]

Ein überzogener Zeitkonsum sollte in dieser frühen Partiephase unbedingt vermieden werden. Einerseits ist die Stellung in diesem Stadium meistens noch nicht so kompliziert, und falls andererseits zwischen mehreren gleichwertigen Fortsetzungen zu wählen ist, so scheint es an dieser Stelle verfehlt, allzu weit gehende Überlegungen anzustellen. Denn die in Frage kommenden Varianten sind zu diesem Zeitpunkt in den häufigsten Fällen nicht forciert und angesichts der Unmengen von sinnvollen Zugfolgen und denkbaren Partieverläufen rein rechnerisch kaum abschließend zu beurteilen. Um hier nicht sinnlos Zeit und Kraft zu investieren, sollte man sich bei derartigen Alternativen auf Gefühl und Instinkt verlassen und abhängig von den in der Initialphase berück-

20) Samuel Reshevsky: Meine Schachkarriere, Edition Beyer / Walter de Gruyter, Berlin 1986, S. 25

sichtigten Faktoren (Gegner, Verfassung, benötigtes Resultat) auf die passendste Variante setzen. Zu dieser Entscheidungsproblematik, auf die wir auch später noch zu sprechen kommen, ein bekanntes Beispiel:

In der Partie Luis Santos – Francisco Torres Trois (Vigo, Spanien 1980), geriet Schwarz nach den Zügen 1.c4 e5 2.Sc3 Sf6 3.Sf3 Sc6 4.e4 Lc5 5.Sxe5 Lxf2+ 6.Kxf2 Sxe5 7.d4! in ein lähmendes Entscheidungsdilemma und überlegte während 2 Stunden und 20 Minuten (bei zweieinhalb Stunden Gesamtbedenkzeit, wohlgemerkt), ob er seinen Springer nach c6 oder g6 zurückziehen soll (er entschied sich schlussendlich für Sg6)! Die beiden Alternativen Seg4+ und Sfg4+ sind deutlich schlechter und wurden von Trois wohl relativ schnell verworfen.

Natürlich haben beide Springerzüge doch recht unterschiedliche Stellungsbilder zur Folge, aber es scheint völlig abwegig, ja geradezu irrsinnig, in diesem frühen Partieabschnitt dafür praktisch die ganze Bedenkzeit zu investieren. (Moderne Schachprogramme taxieren die beiden Züge übrigens als ungefähr gleichwertig.) Trois hält mit dieser ausufernden Gedankenarbeit denn auch den unrühmlichen Rekord für die längste Denkphase für einen einzigen Zug! Nach der Partie fragte ihn sein Gegner Santos: „Weshalb um Himmels Willen haben Sie denn für nur zwei in Frage kommende Züge derart lange überlegt? Ich verstehe das nicht!“ Darauf Trois: „Ich auch nicht.“[21)]

Viktor Kortschnoi wird in einer 1982 gespielten Partie ebenfalls eine überlange Denkphase von anderthalb Stunden im 6. Zug (!) einer spanischen Partie nachgesagt. Nicht von ungefähr geriet Kortschnoi in seinen Partien häufig in Zeitnot. Neben David Bronstein ist auch Alexander Grischuk bekannt für seinen in der Eröffnung hohen Zeitverbrauch, den er im Mittelspiel aber teilweise wieder wettmacht.

Von ihm (dem dreifachen Weltmeister im Blitzschach!) stammt übrigens die bemerkenswerte Feststellung, dass gute Blitzspieler in langsamen Partien oft in Zeitnot kommen! Sie verlassen sich, vielleicht unbewusst, auf ihre Fertigkeiten im Schnellschach und nutzen die zur Verfügung stehende Bedenkzeit restlos aus. Es fällt den eher intuitiv spielenden Spezialisten unter ihnen wohl auch schwer, mit dem aus ihrer Sicht schier unendlich großen Zeitvorrat vernünftig umzugehen. Als einer der weltbesten Blitzspieler kann Grischuk der Zeitnotphase, die er tatsächlich in nahezu jeder klassischen Partie zu meistern hat, indessen auch relativ gelassen entgegensehen. Außerdem ist heutzutage dank den gewährten Zeitgutschriften hochgradige Zeitnot ausgeschlossen.

In diesem Zusammenhang sind Reshevskys Erklärungen auf die Frage, warum er denn für einfachste und augenscheinlich richtige Züge in der Eröffnung dermaßen viel Bedenkzeit verbrauche, sehr aufschlussreich. Er meinte, dass

---

21) Christian Hesse: Expeditionen in die Schachwelt, Chessgate, Nettetal 2006, S. 385/386

es für einen Schachmeister keine offensichtlichen Züge gäbe und dass zu viele Partien durch oberflächliches und gedankenloses Spiel entwertet würden. Jeder Zug müsse ganz genau und vor allem im Lichte des vorgesehenen Planes analysiert werden, damit kein einziger davon vergeudet wird und sich jeder als passendes Mosaiksteinchen ins große Bild des Partiekonzepts einfüge. Durch sein langsames Spiel in der Eröffnungsphase und beim Übergang ins Mittelspiel sei er in der Lage, die spezifischen Anforderungen der verschiedenen Stellungen genauestens zu erfassen und dadurch auch unter hohem Zeitdruck noch die besten Fortsetzungen zu finden.

Das ehemalige Wunderkind Reshevsky hat also mit zunehmendem Alter neben seiner jugendlichen Unbekümmertheit auch seine natürliche Begabung eingebüßt, die Stellung intuitiv zu erfassen und instinktiv die richtigen Züge zu machen. Diese erschienen ihm später, auf der Suche nach Tiefe und Wahrheit, wohl allzu leichtfertig gespielt und seicht, und so hat sich seine Spielweise vom einen zum anderen Extrem hin gewandelt. Und natürlich stieß er mit der Zeit auch auf immer stärkere Gegnerschaft. Doch ob er zu Partiebeginn ebenfalls derart lange überlegt hätte, wenn er mit einem seiner Spielstärke angemessenen Eröffnungswissen ausgestattet gewesen wäre, lassen wir offen.

An dieser Stelle seien als warnende Beispiele für krankhaft übersteigerten Zeitverbrauch in der Eröffnung die Partieverluste durch Zeitüberschreitung von James Mason im 8. Zug (New York 1889, Kadenz 15 Züge pro Stunde) und von Fritz Sämisch im 12. Zug (Prag 1938, Kadenz 40 Züge in 2,5 Stunden) erwähnt.

Die Endphase

Die Endphase der Eröffnung ist für den weiteren Partieverlauf von großer Bedeutung. Vom jetzigen Zeitpunkt an können auch versierte Eröffnungsspezialisten meistens nicht mehr auf ihre Theorie-Datenbank zurückgreifen. Sie müssen nun selber denken und zwar in erster Linie, um eine geeignete und der Stellung entsprechende Strategie zu entwickeln. Ohne Zweifel sind viele Partiepläne bereits durch die Eröffnung vorgezeichnet, dennoch muss man sich bei diesem wichtigen Übergang ins Mittelspiel über seine Absichten im Klaren sein. Denn ein Zurück gibt es im Schach nicht, und verlorene Tempi wiegen meistens sehr schwer.

Da jetzt die Weichen für die zukünftige Entwicklung der Partie gestellt werden und das Spiel seine Gestalt erhält, gehören solche Übergänge von einer Spielphase in die andere in der Regel zu den kritischen Momenten einer Schachpartie, die sorgfältige und zeitaufwendige Überlegungen rechtfertigen, ja geradezu bedingen! Hier ist also wirkliches Nachdenken angesagt, und zu diesem Zweck tritt die Uhr ausnahmsweise etwas in den Hintergrund. Selbstverständlich müssen auch später noch viele gute Züge gefunden werden, doch da man in keiner richtigen Schachpartie ohne einen vernünftigen Plan auskommt, darf ein Gutteil unserer wertvollen Bedenkzeit ruhigen Gewissens in die Erarbeitung eines solchen investiert werden.

In diese Übergangsphase von der Eröffnung ins Mittelspiel fallen auch die meisten Neuerungen, mit denen sich professionelle Spieler des öfteren auseinandersetzen müssen. Solche vorbereiteten, in der Turnierpraxis noch nie gespielten Züge haben neben dem psychologischen Moment der Überraschung auch den vorteilhaften Effekt, dass das Finden einer adäquaten Erwiderung den verblüfften Gegner meistens eine Menge Bedenkzeit kostet.

Der Neuerer hingegen hat zuvor in aller Ruhe die möglichen Varianten analysiert (und vor allem auch mit Hilfe des Computers kontrolliert) und ist nun infolgedessen mit den Stellungen und deren Eigenheiten vertraut, so dass er für die folgenden Züge nur wenig Bedenkzeit verbrauchen wird. Theoretische Neuerungen sind denn auch eine äußerst starke Waffe im Kampf zweier Meister. Auch hierzu zwei Beispiele:

In der 7. Partie der Weltmeisterschaft Capablanca – Aljechin (Buenos-Aires 1927) überraschte Weiß seinen Gegner im 9. Zug mit einer wohl vorbereiteten Variante (Lh4). Dazu lautete der Originalkommentar von Aljechin: „Ich habe die Partie hauptsächlich verloren, weil ich zu sehr versucht war, diesen Zug mit 9...e5 zu beantworten. Die Berechnung aller damit verbundenen Komplikationen kosteten mich einen großen Teil meiner Bedenkzeit, und schlussendlich verwarf ich den Zug!“[22)]

Die 3. und 5. Partie im WM-Match zwischen Viswanathan Anand und Wladimir Kramnik (Bonn 2008) wurden gewissermaßen beide durch dieselbe Neuerung (14...Lb7) entschieden. Die Annahme dieses Bauernopfers führt zwar keineswegs zwingend zum Sieg von Schwarz, aber Kramnik verbrauchte für die Berechnung seiner Erwiderung dermaßen viel Bedenkzeit (über eine Stunde), dass er deswegen später in Zeitnot geriet und die Partie durch einen groben Fehler verlor.

Vor der 5. Partie hatte er dann zwar mit Hilfe seines Teams auf diesen neuen Zug eine erfolgversprechende Antwort gefunden, doch Anand brachte im darauffolgenden Zug bereits eine zweite Neuerung (quasi eine Neuerung innerhalb der Neuerung), noch bevor der wiederum überrumpelte Kramnik die Widerlegung der ursprünglichen Neuerung anbringen konnte. Diese zwei Schwarzsiege trugen schließlich entscheidend zu Anands Matchgewinn bei.

---

22) Garry Kasparov: My Great Predecessors, Vol. 1, Everyman Publishers, London 2003, S. 313

Methoden der Optimierung

Im folgenden Abschnitt widmen wir uns generellen Aspekten zur Handhabung der Bedenkzeit. Es gilt, geeignete Strategien zu befolgen, um die verfügbare Zeit möglichst optimal einzuteilen, so dass über die ganze Partie hinweg gesehen der Zeitvorrat maximal gut genutzt wird. Dass es trotz ökonomischen Umgangs mit der Bedenkzeit gegen Ende der Partie beziehungsweise vor den Zeitkontrollen bezüglich Zeitreserven vielfach kritisch wird, liegt in der Natur der Sache. Wir werden uns dieser wichtigen Phase später gezielt zuwenden und auch das Spiel in Zeitnot mit all seinen Besonderheiten eigens untersuchen.

Nach der Eröffnung, in der uns Theoriekenntnisse noch den Weg wiesen, sind wir beim Spiel von jetzt an auf uns allein gestellt. Die für die Gedankenarbeit benötigte Menge an Zeit ist abhängig von unserer Erfahrung, der Kenntnis von Strategemen, Konzepten und Strukturen, kurz: von unserem Schachwissen, unserem Spielniveau.

Dabei spielt natürlich auch die Schnelligkeit des Denkens eine entscheidende Rolle. Die folgenden Überlegungen zum optimalen Zeitmanagement sollen jedoch prinzipiell gelten, ungeachtet der Stärke und Denkgeschwindigkeit des einzelnen Spielers. Denkstrategien, konkrete Methoden und Techniken zur Stellungsbewertung und Generierung von Zügen sind weiter nicht Gegenstand dieser Schrift, und auch Strategien zur Partieführung und Ideen zur Positionsbehandlung wollen wir hier nicht thematisieren. Einzig bei gegebener Relevanz für das Zeitmanagement werden wir punktuell und grundsätzlich darauf eingehen.

Hinsichtlich einer optimalen Ökonomie der Denkarbeit und also des ökonomischen Gebrauchs des knappen Gutes ‘Bedenkzeit’ scheint konsequentes Verhalten bezüglich Effizienz, Pragmatismus und Intuition sehr hilfreich zu sein. Wir wollen diese drei elementaren Prinzipien nacheinander untersuchen und uns danach noch weiteren, nicht minder wichtigen Einflussfaktoren widmen.

Effizienz

> Gewöhnliche Menschen denken nur daran, wie sie ihre Zeit verbringen.
>
> Ein intelligenter Mensch versucht, sie auszunutzen.
>
> (Arthur Schopenhauer)

Die Effizienz beziffert das Verhältnis zwischen Erfolg und dem dafür erforderlichen Aufwand. Aus wirtschaftlicher Sicht ist eine hohe Effizienz anzustreben, also möglichst viel Ertrag in Relation zu den Aufwendungen. Auch im (Wettkampf-)Schach steht die Forderung nach effizientem Einsatz der Mittel zur Erreichung des Zieles im Fokus, unter anderem hinsichtlich der verfügbaren Bedenkzeit.

Das nach dem italienischen Ökonomen Vilfredo Pareto benannte 'Pareto-Prinzip' besagt, dass 80% der Ergebnisse mit lediglich 20% des Gesamtaufwandes erreicht werden. Dagegen benötigen die verbleibenden, schwieriger zu erreichenden 20% der erzielbaren Resultate mit 80% überproportional viel Arbeit.

Diese 80/20-Regel ist praktisch universell gültig und lässt sich bestimmt auch auf den für die Zugfindung erforderlichen Zeitaufwand übertragen. Das heißt, dass in den meisten Fällen diese 20% Aufwand (an Bedenkzeit) genügen, um einen (sehr) guten Zug zu finden, der aller Wahrscheinlichkeit nach innerhalb von 80% der Ergebnisse existieren und dessen Güte im Mittel dann 4 von 5 betragen sollte.

Dieses Prinzip ist ein wirklicher Augenöffner, denn wenn wir nur in Einzelfällen den zusätzlichen riesigen Aufwand betreiben, um den perfekten Zug zu finden (der übrigens ohnehin eher selten existiert), dann ist die damit erzielte Zeitersparnis geradezu enorm – ganz zu schweigen von der nebenher eingesparten Energie und der Reduktion der nervlichen Anspannung. Das hatte wohl auch Tartakower bei seinem geistreichen Spruch 'Der zweitbeste Zug ist oft der einzig richtige' im Sinn! Die Pareto-Regel wirkt sich darüber hinaus noch stärker in Partien mit verkürzter Bedenkzeit aus, da dort dem Zeitfaktor eine größere Bedeutung zukommt.

Im Hinblick auf ein optimales Zeitmanagement sollte man sich also tendenziell eine pragmatischere Spielweise aneignen, weg vom gefährlichen und ineffizienten Perfektionismus! „Perfectionism is spelled ‚Paralysis'" („Perfektionismus lähmt") – dieses Diktum von Winston Churchill lässt sich trefflich auf die Situation von uns Schachspielern anwenden. Obwohl recht viele nach Perfektion streben, lässt sich Schach, wie die meisten anderen Dinge auch, von Menschen (wie auch von Computern!) eben nicht perfekt betreiben, und wie wir eingangs festgestellt haben, auch nicht mit noch so großem Aufwand.

Konkret heißt das natürlich nicht, dass wir nun zwingend jeden Zug in nur einem Fünftel der durchschnittlich dafür zur Verfügung stehenden Zeit machen müssen, denn dann würden wir ja unsere Gesamtbedenkzeit nicht richtig nutzen, obwohl wir doch gerade das unbedingt sollten. Und auf gar keinen Fall darf die Forderung nach effizientem Bedenkzeitgebrauch zu oberflächlichem und hastigem Spiel führen.

Als prägnantes Beispiel hierfür steht die Entwicklung von Hikaru Nakamura, der als einer der weltbesten Schnellspieler bekannt ist. Als er 2010 begann, seine Bedenkzeit in vollem Umfang auszunutzen (er spielte bis dahin auch in langen Partien (zu) rasch und oft eher unbedacht), besserten sich seine Resultate merklich, obwohl er nunmehr gelegentlich in Zeitnot geriet. Mit Jan Njepomnjaschi ist in den letzten Jahren ein weiterer extrem schneller Spieler in die Weltspitze vorgestoßen, dessen Entwicklung noch nicht abgeschlossen scheint. Wir werden sehen, ob auch er sich in Zukunft diesbezüglich etwas mäßigen und seine Bedenkzeit den Umständen entsprechend vernünftig einsetzen wird.

Es gilt also, einfach immer die 80/20-Maxime im Hinterkopf zu haben, wenn wir in Abhängigkeit der Stellung und unserer Zeitreserven abwägen, wie viel Zeit wir in einen Zug investieren wollen. Die Anwendung dieses Grundsatzes drängt sich insbesondere bei längeren Denkphasen auf, denn in diesen ist die Gefahr von Zeitverschwendung am größten.

John Nunn unterstreicht die Bedeutung eines konsequent effizienten Umgangs mit der Bedenkzeit, wenn er behauptet, beim Analysieren einer Stellung sehe man in den ersten 5 Minuten fast immer mehr als in den darauffolgenden 5 Minuten, und die danach folgenden 5 Minuten seien noch unproduktiver. Er ist sogar der Ansicht, nach einer Bedenkzeit von 20 Minuten und mehr sei das Ergebnis meistens ein fehlerhafter Zug.[23)] So weit wollen wir hier nicht gehen, aber in der Tendenz scheint Nunn Recht zu haben.

Auch Jonathan Rowson spricht sich entschieden gegen Perfektionismus aus, welcher seiner Ansicht nach eine der sieben Todsünden im Schach darstellt.[24)] Dazu führt er aus: „Wenn man so lange nachdenkt, verwirrt man sich zu guter Letzt selber und vermischt verschiedene Varianten. Zudem dreht man sich dabei oft im Kreise und denkt sich zu tief in ein einziges Abspiel hinein, an-

---

23) John Nunn: Secrets of Practical Chess, Gambit Publications, London 1998, S. 18

24) Jonathan Rowson: The Seven Deadly Chess Sins, Gambit Publications, London 2000, S. 163

statt eine möglichst breite Auswahl von Möglichkeiten zu berücksichtigen. Die wenigsten Schachspieler verfahren nämlich – wie von Alexander Kotow gefordert – mit der Aufstellung von Kandidatenzügen und dem konsequenten Abarbeiten des resultierenden Variantenbaums."[25]

Rowsons Ratschlag, sich vor längeren Denkphasen genau bewusst zu machen, was man damit erreichen möchte und sich eine Mini-Strategie zur Vorgehensweise zurechtzulegen, scheint deshalb sehr sinnvoll zu sein. John Nunn empfiehlt überdies, *nur* mit Mini-Plänen zu arbeiten, wenn aufgrund der Komplexität und Unbeständigkeit der Stellung die Konzeption und Durchführung weitreichender Pläne schlichtweg unrealistisch ist.

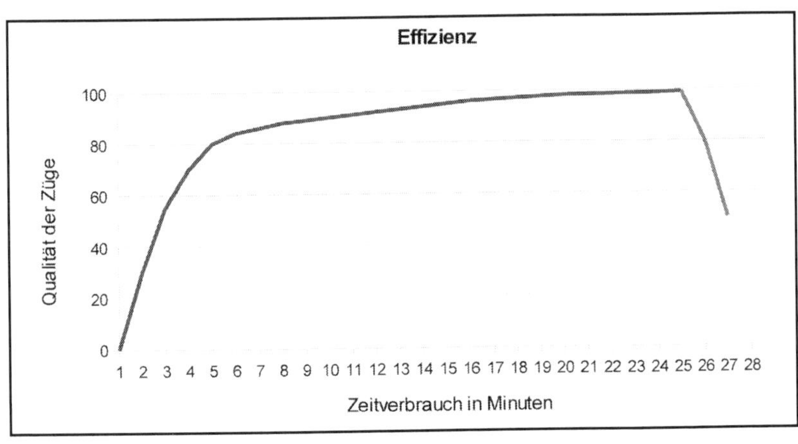

Abb. 10: Übliches Verhältnis der Qualität der Züge zur aufgewendeten Bedenkzeit in langen Denkphasen. Nach 5 Minuten Überlegung haben wir mit 80% an Zugqualität das Pareto-Optimum erreicht. Zu langes Nachdenken kann sich unter Umständen sogar negativ auswirken.

Stellungsbeurteilung, Definition von kurz- und längerfristigen Zielen, Generierung von Plänen: Diese Überlegungen und bisweilen fundamentalen Entscheidungen stehen nicht nur beim Übergang von der Eröffnung ins Mittelspiel an, sie sind im Laufe einer Partie meistens wiederholt zu bewerkstelligen und den veränderten Gegebenheiten anzupassen. Die dafür aufgewendete Bedenkzeit ist indes auch unter dem Gesichtspunkt der Effizienz gut investiert, wirkt sie sich doch positiv auf die nachfolgenden Überlegungen aus, die sich nun als Teil des übergeordneten Plans leichter und flüssiger gestalten sollten.

---

25) Alexander Kotow: Denke wie ein Großmeister, Edition Olms, Zürich 1998, S. 20

Pragmatismus

> Es ist nicht nötig, gut zu spielen; es reicht, besser zu spielen als der Gegner.
>
> (Quelle unbekannt)

Das obige Zitat fasst als Leitmotiv unsere Hinwendung zu pragmatischem Spiel bezüglich der Erreichung unseres Zieles, welches ja schlichtweg darin besteht, den Gegner zu besiegen, bestens zusammen.

Und diesen Satz würde bestimmt auch Weltmeister Magnus Carlsen unterschreiben, denn für ihn ist der Gewinn der Partie das Wichtigste, ganz egal wie dieser zustande gekommen ist. Aber ein Sieg muss es sein, ein Remis reicht auf keinen Fall!

Auch für Garri Kasparow steht das Element der gegebenen Situation, das praktische Handeln im Vordergrund:

„Ein Schachspieler, der eine bestimmte höhere Leistungsfähigkeit erreichen will, muss lernen, wichtige schachliche Probleme im Spiel prinzipiell schnell lösen zu können. Er muss es meistern, Entscheidungen zu treffen und deren Folgen dann zu akzeptieren. Das ist das Allerschwierigste im Schach, weil die Menschen zu Unentschlossenheit neigen. Und wenn man am Brett sitzt, sieht man große Gefahren, größer als sie in Wirklichkeit sind. Viele Schachspieler gehen an ihrer Unentschlossenheit zugrunde. Das ist eine Frage des Charakters, der Persönlichkeit. Derjenige, der kühl Entscheidungen treffen kann, wird letzten Endes siegen. Es wird zweifellos so sein, dass seine Entscheidungen nicht immer richtig sind; doch erstens behält er mehr Nervenenergie und zweitens verwirrt und schwächt seine Sicherheit den Gegenspieler." Und weiter: „Man muss einfach die Gewohnheit entwickeln, unter keinen Umständen zu lange zu überlegen, sonst richtet man sein Spiel zugrunde."[26)]

Andererseits meint Kasparow auch: „Immer versuche ich, schöne Partien zu spielen... Ich wollte immer Meisterstücke schaffen."[27)]

Ja, *schöne* Partien zu *gewinnen,* das ist unser aller Ziel! Für die meisten Schachspieler zählt in erster Linie der Sieg und es dürften die Wenigsten sein, die regelmäßig *mehrere* Verlustpartien allein für *eine* denkwürdige Partie in Kauf nehmen würden, falls man denn so rechnen könnte. Wir sind den großen

---

26) Reinhard Munzert: Schachpsychologie (aus einem Interview mit Kasparow), Beyer Verlag, Hollfeld 1989, S. 219

27) Anthony Saidy: Kampf der Schachideen, Walter de Gruyter, Berlin 1986, S. 192

Meistern ja unendlich dankbar für die Perlen der Schachkunst, die sie uns hinterlassen haben, aber wir haben uns mit der bei weitem nicht so spektakulären Realität des schachlichen Alltags zu befassen, und da lautet die Devise eben 'Kämpfen und hoffentlich siegen'.

Wenn wir schon bei den Weltmeistern sind, lassen wir hier auch noch einen Praktiker par excellence zu Wort kommen, und zwar Emanuel Lasker mit dem ihm zugeschriebenen Bonmot: „Wenn Du einen guten Zug siehst, such nach einem besseren!" Vor dem Hintergrund des Pragmatismus ist diese Aussage jedoch zu relativieren, denn Lasker war ganz sicher nicht auf Schönheit und Perfektion aus, und es heißt deshalb eben auch nicht ‚Such nach dem *besten* Zug'! Vielmehr ist das Zitat als Aufforderung zur großen Anstrengung, zum nicht nachlassenden Bemühen, zu interpretieren

Er spricht denn auch an anderer Stelle von 'Schach als Kampf' und es wird regelmäßig auf ihn Bezug genommen, wenn es um pragmatisches und psychologisches Spiel geht, welches den Gegner auch zeitlich mit unangenehmen Stellungen unter Druck setzt – und eben nicht um objektiv beste oder *schöne* Züge.

Alexei Suetin beschreibt dies sehr anschaulich: „Vor allem wenn er schlechter steht, stellt der unermüdlich erfindungsreiche Lasker die Gegner ständig vor neue, schwierige Aufgaben. Von einem gewissen Augenblick an sind sie, die viel Zeit verloren haben, gezwungen, in angespannter Lage schnell zu ziehen. Natürlich verwickeln sie sich in Widersprüche. Und jetzt legt Lasker plötzlich den 'vierten Gang' ein und beginnt seine ganze, gewaltige Stärke auszuspielen. Den noch immer besser stehenden Gegner lassen die Nerven im Stich, die psychische Katastrophe setzt ein, dem unmittelbar das Desaster auf dem Schachbrett folgt."[28)]

Nimzowitsch war zwar kein Weltmeister, doch auch ihn können wir beim Wort nehmen, wenn er nach 25 Minuten Rechnen in einer Untervariante, die wohl sowieso nie auf's Brett kommen würde, meinte: „Genug Zeit verschwendet, das Schachspiel ist ein Kampf, keine mathematische Fingerübung."[29)]

Nach diesen Worten der Größten im Schach, die rasches, praktisch orientiertes Spiel favorisieren, nun zu zwei Situationen, in denen – ebenfalls ganz pragmatisch – äußerst tiefes Nachdenken nicht abwegig ist und sogar angezeigt sein kann. Eine übermäßige Investition an Zeitguthaben scheint nämlich gerechtfertigt, wenn in extrem schwieriger Stellung unbedingt ein rettender Zug gefunden werden muss. Dieser Ansicht war auch Michail Botwinnik, der in

---

28) Alexei Suetin: Schachstrategie für Fortgeschrittene, Band 2, Sportverlag Berlin, 1986, S. 188

29) Andrew Soltis: The Inner Game of Chess, David McKay Co., New York 1995, S. 324

solchen Fällen jederzeit gewillt war, eine nach eigenen Worten 'normale Zeitnot' in Kauf zu nehmen.

Ein weiterer legitimer Anlass für überproportionalen Bedenkzeitverbrauch besteht beim nahen Sieg in Gewinnstellung. Eine kaltblütige Suche nach dem 'Killerzug', welcher den Widerstandsbemühungen des Gegners keinen Auftrieb verschafft und die Partie rasch beendet, erscheint hier angebracht.

Wir können diese zwei Szenarien ganz gut der zuvor besprochenen Kategorie 'Kritische Momente' zuordnen. Allerdings gibt es zu diesem Konzept auch skeptische Stimmen. Beispielsweise vertritt Willy Hendriks (in seinem höchst interessanten Buch mit dem provozierenden Titel 'Erst ziehen, dann denken') die Ansicht, dass es in einer Schachpartie unzählige wichtige Momente gibt und eigentlich jeder Zug entscheidend ist beziehungsweise sein kann! Dieser Unzahl schwieriger Züge sollte also im Einzelfall nicht ungebührlich viel Zeit gewidmet werden.

Pragmatisch sollten wir insbesondere auch vorgehen, wenn zwei etwa gleichwertige Fortsetzungen in Frage kommen. Eine Diskussion, welcher von beiden Türmen beispielsweise (zuerst) auf eine offene Linie gezogen werden soll, kann natürlich sehr ausführlich und gut begründet geführt werden. Doch wenn der Unterschied im Resultat voraussichtlich sehr klein ist, sollte hier beim Abwägen wirklich nicht unnötig viel Zeit verschwendet, sondern einfach einer der beiden Züge *gemacht* werden!

Schwieriger gestaltet sich die Situation, wenn zwei Züge ganz unterschiedliche Stellungsbilder und Partieverläufe zur Folge haben, die wir betreffend Bewertung aber auch bezüglich Sympathie und Präferenz als gleichwertig empfinden. Spieler, die zu Entscheidungsschwäche und Unentschlossenheit neigen, stehen hier vor einem fürchterlichen Dilemma und einem eigentlich unlösbaren Problem.

Sich in die beiden möglichen Verläufe einzuarbeiten kostet enorm viel Zeit und ist aufgrund der Unterschiedlichkeit der entstehenden Stellungen auch extrem anstrengend. Darüber hinaus ist die Fehlerwahrscheinlichkeit sehr hoch, wenn wenig erzwungene Varianten vorkommen. Um in solchen Momenten den Zeitverbrauch auf einem akzeptablen Niveau zu halten, hilft wiederum nur eins: Sich klarzumachen, dass eine endgültige Wahrheit analytisch nicht zu bestimmen ist (schon gar nicht in einer praktischen Partie) – und sich ergo dazu durchzuringen, einfach einen Zug zu machen! Nichts leichter als das, könnte man meinen, und dennoch ist gerade dies für viele Schachspieler sehr schwierig umzusetzen.

Entschlusskraft scheint in mancherlei Hinsicht relevant für erfolgreiches Schach zu sein und sollte auch im folgenden Kontext eine positive Rolle spielen. Falls genügend Zeitreserven vorhanden sind, ist vor dem Ziehen sicherheitshalber das nochmalige Durchrechnen der favorisierten Varianten weit verbreitet und wird auch in diversen Lehrwerken und von vielen starken Spielern sehr empfohlen. In einer perfekten Welt ohne Restriktionen ist der bekannte Spruch ‚Vertrauen ist gut, Kontrolle ist besser' ganz sicher gültig.

Indes ist auch für Kotow die generelle Anwendung dieses Überprüfungsprinzips beim Schach aus zwei Gründen nicht angebracht: Erstens wird in den meisten Fällen viel zu viel kostbare Bedenkzeit dafür aufgewendet (Bronstein meinte sogar, das doppelte Nachrechnen sei der Hauptgrund für seine regelmäßige Zeitnot gewesen!), und zweitens hat dieses übertrieben sicherheitsorientierte Verhalten einen negativen Einfluss auf unser Selbstvertrauen. Selbstsicheres Spiel ist aber, wie bereits zuvor erwähnt, unabdingbar für den Erfolg, und Vertrauen in die eigenen Berechnungen und Bewertungen zu haben ist deshalb geradezu zwingend. Oder, wie Rowson treffend bemerkt: „Der größte Fehler ist es, dauernd Angst zu haben, einen Fehler zu machen".

Etwas weniger streng wollen wir über einen weiteren Ratschlag von Lasker urteilen, nämlich vor dem Ziehen jeweils noch einen letzten genauen und umfassenden Blick über das Brett schweifen zu lassen („one more look"). Falls dafür nur ein paar wenige Sekunden benötigt werden, kann eine solche Regel manchmal ganz nützlich sein und ist sicherlich auch zeittechnisch vertretbar. Tendenziell widersprechen solche obsessiven Kontrollmechanismen aber ebenfalls den Forderungen nach selbstgewissem und innerlich überzeugtem Spiel.

Viel Bedenkzeit lässt sich auch in Situationen sparen, wenn zwei Fortsetzungen zur Verfügung stehen, von denen die eine vielleicht eine ganz kleine Chance auf Vorteil beinhaltet, die Stellung sich jedoch dadurch kompliziert und unüberschaubar gestaltet. Eine genaue Berechnung wird dann dermaßen zeitintensiv, dass der Pragmatiker und gewiefte Schachpraktiker ohne große Gewissensbisse und nach nur kurzem Abwägen die klare und einfache Alternative wählt. Die Partie dauert noch lange und es wird bestimmt noch weitere und bessere Möglichkeiten geben, in Vorteil zu kommen!

Diese Konstellationen treten unter anderem auch auf, wenn man mit einer Opferwendung konfrontiert wird und nun über die Annahme bzw. Ablehnung des Opfers zu entscheiden hat. Unter Umständen kann es hier sogar angebracht sein, ohne übermäßig viel Bedenkzeit verbraucht zu haben, eine leicht nachteilige Stellung in Kauf zu nehmen, um dadurch die Stellung einfacher spielbar zu halten.

Doch sollte man sich nicht dazu verleiten lassen, dem Gegner im Falle eines Opfers einfach zu *glauben* – in der Meinung, er habe sicherlich alles richtig durchgerechnet. Eine Ausnahme machten anscheinend einige Gegner von Fischer, die dessen Berechnungen trauten und seine Opfer gar nicht erst in Frage stellten, da „Fischer nie inkorrekte Opfer macht".

Eine ganz andere 'Opferstrategie' verfolgte hingegen ein weiterer Weltmeister, Michail Tal. Seine intuitiven und oft nicht ganz korrekten Opfer zielten in erster Linie darauf ab, die Gegner zu verunsichern und sie in unbekannte Gefilde zu locken, in denen sie viel Bedenkzeit verbrauchten, um sich zurechtzufinden und womöglich eine Widerlegung zu entdecken. Aus pragmatischem Blickwinkel sollten auch solche Opfer deshalb ohne große Bedenken angenommen werden, falls nicht mehrere Alternativen existieren. Erst danach sind dann entsprechende Überlegungen anzustellen.

Der pragmatisch denkende Schachspieler zeichnet sich durch Flexibilität aus, und zwar nicht allein, was die rasche Anpassung an veränderte Gegebenheiten anbelangt. Ganz wichtig ist kühles und rationales Verhalten in folgender, nicht selten vorkommender Lage: Angenommen, man hat bereits über eine längere Zeit seine Berechnungen auf eine bestimmte Variante konzentriert und ist trotz beträchtlichem Zeitaufwand und Fokussierung zu keinem befriedigenden Resultat gekommen. Nun gilt es, der großen Versuchung zu widerstehen, diesen Zug trotz des ungewissen Ausgangs auszuführen, nur um die darin investierte Menge an Bedenkzeit zu rechtfertigen. In einer solchen Lage ist zwingend nach einer Alternative zu suchen, Bedenkzeit hin oder her! Im schlimmsten Fall besteht immer noch die Möglichkeit, einen hoffentlich recht folgenlosen Wartezug zu machen. Ein Grund mehr, nicht zu viel Zeit und Anstrengung in einen einzigen Zug zu stecken!

Intuition

Don't think. Feel.
(Bruce Lee)

Mit der gezielten und häufigen Berücksichtigung der eigenen Intuition lässt sich im Schach eine ganze Menge an Bedenkzeit und Energie sparen. Wie wir in der Folge sehen werden, muss die Qualität der auf diese Weise gewählten Züge keinesfalls minderwertig sein! Unserem Bestreben, ein optimales Zeitmanagement zu erreichen, kommt das sehr gelegen. Zuerst wollen wir uns kurz klarmachen, was Intuition eigentlich genau ist, bevor wir dann detailliert deren schachspezifische Eigenheiten untersuchen.

Eine aktuelle Definition (aus Wikipedia) von Intuition lautet:

„Intuition ist die Fähigkeit, Einsichten in Sachverhalte, Sichtweisen, Gesetzmäßigkeiten oder die subjektive Stimmigkeit von Entscheidungen zu erlangen, ohne diskursiven Gebrauch des Verstandes, also etwa ohne bewusste Schlussfolgerungen. Intuition ist ein Teil kreativer Entwicklungen. Der die Entwicklung begleitende Intellekt führt nur noch aus oder prüft bewusst die Ergebnisse, die aus dem Unbewussten kommen."

Gerd Gigerenzer ist in Fragen der Entscheidungsfindung ein weltweit geachteter Fachmann. Er hat in diversen wissenschaftlichen Untersuchungen nachweisen können, dass intuitive Entscheidungen unter Zeitdruck oft besser ausfallen als solche, die sich auf aufwändige Analysen stützen! Das ist genau das, was wir in Bezug auf unser Zeitmanagement zu erreichen hoffen: Sozusagen ohne Überlegungen und ergo ohne Bedenkzeitverbrauch bessere Züge zu machen!

Weiter Gigerenzer in einem Interview[30)]: „ ... Hier zeigt sich die Macht der Intelligenz, die im Unbewussten steckt. Diese Intelligenz funktioniert sehr gut, wenn man sie in Ruhe lässt. Kommt ihr das Bewusstsein in die Quere, wird es schwieriger."

Und weiter: „ ... Die spontane Entscheidung von Experten ist meistens die beste, die zweite Option ist schon deutlich schlechter, jede weitere noch ungünstiger".

Und, sehr wichtig: „ ... Wir sollten nicht (illusorische) Sicherheit anstreben, sondern einen entspannten Umgang mit den Risiken."

30) Der Bund, Bern (Ausgabe vom 20.9.2007)

Und als letztes: „ ... Das Ziel ist es nicht, Intuition gegen analytische Intelligenz auszuspielen. Die wirklich wichtige Frage ist vielmehr, wann welches Werkzeug wie gut funktioniert."

Hält man sich diese Aussagen vor Augen, stellt sich die Frage, warum man denn nicht öfter auf sein Bauchgefühl hört. Das ist in der Tat bedauerlich, und wir wollen versuchen, diesen Missstand wenigstens im Schach zu beheben. Aber was genau bedeutet denn Intuition oder intuitives Spiel im Schach überhaupt? Hierzu einige Äußerungen von bekannten Spielern[31)]:

Viswanathan Anand: Intuition ist der erste Zug, an den ich denke. (Der Schnelldenker und -spieler Anand gilt als höchst intuitiver Spieler. Doch lässt er sich tatsächlich von seinem Instinkt leiten oder rechnet er einfach dermaßen rasch, dass es so aussieht, als spiele er nur nach Gefühl?)

Gennadi Sosonko: Der Intuition zugrunde liegt unsere unbewusste Erfahrung und Kenntnis von Partien und Ideen, unserer eigenen sowie diejenigen anderer Spieler.

Wladimir Kramnik: Intuition ist die sofortige Wahrnehmung der Position. Intuition beruht auch auf Erfahrung, aber der größte Teil ist natürliches Talent. Gute Intuition ist das erste Zeichen für schachliches Talent. Im Blitz ist Intuition das Allerwichtigste. Capablanca und Anand sind großartige intuitive Spieler, Kasparow hingegen ist in erster Linie ein Analytiker.

David Bronstein sagte von sich, dass er üblicherweise intuitiv spiele, um seine Energie für die Berechnung komplexer Varianten in kritischen Momenten aufzusparen.

Michail Botwinnik betrachtete José Raúl Capablanca aufgrund dessen intuitiven Spiels als den größten Schachspieler aller Zeiten.

Garri Kasparow: Tal war der einzige Spieler, der keine langen Varianten berechnete – er sah einfach die entstehenden Stellungen voraus.

Michail Tal: Das entscheidende Argument für oder gegen eine bestimmte Fortsetzung ist sehr oft 'Sie ist gut oder eben nicht. Ich weiß es einfach'.

Weitere Spieler, die sich bei Entscheidungen sehr oft von ihrer Intuition leiten ließen, waren neben den bereits genannten Capablanca, Tal und Anand auch Smyslow, Petrosjan, Spasski, Stein, Karpow, Kramnik, Schirow. Heutzutage werden von den Topspielern hauptsächlich Carlsen, Njepomnjaschi und Firouzja diesem Spielertypus zugerechnet.

---

31) A. Beljavsky & A. Mikhalchishin: Secrets of Chess Intuition, Gambit Publications, London 2002, S. 7/8

Nikolai Krogius[32] wie auch Alexander Kotow räumen der Intuition im Schach einen hohen Stellenwert ein. Ihrer Ansicht nach profitieren hauptsächlich Meisterspieler am meisten von ihrer Intuition, wohl aufgrund ihrer Erfahrung und der riesigen Menge an gespeicherten Stellungsbildern.

Auch Lasker meint, die sehr starken Spieler zeichne aus, dass sie einerseits die nicht in Frage kommenden Züge ohne Berechnung sofort ausschließen, während sie andererseits bei (zu) vielen schwierigen möglichen Fortsetzungen die Intuition der konkreten Kalkulation vorziehen. Oder wie schon Adriaan D. de Groot 1965 in seinem epochalen Werk 'Thought and Choice in Chess' beschrieb, nachdem er eine Reihe von bahnbrechenden Experimenten mit Schachspielern verschiedener Stärkeklassen durchgeführt hatte: „The master doesn't calculate more than the expert. Rather, he sees more, especially the more important things" („Der Meister rechnet nicht weiter als ein geübter Spieler. Aber er sieht mehr, vor allem die wichtigeren Dinge").[33]

Intuition oder Kalkulation? Sollte es nicht vielmehr heißen: Intuition *und* Kalkulation? Es wird nämlich als stärkste Methode betrachtet, intuitiven Einsichten nicht blind zu vertrauen, sondern sie vor einem Entscheid auf ihre Korrektheit zu überprüfen. Für den Nobelpreisträger Daniel Kahnemann[34] ist Intuition nichts mehr und nichts weniger als (Wieder-)Erkennung, im Schach als 'pattern recognition' ('Mustererkennung') bezeichnet, und dabei würde ihm de Groot ganz bestimmt beipflichten. Kahnemann steht der 'inneren Stimme' aufgrund vieler Experimente jedoch relativ kritisch gegenüber und warnt vor der Unzuverlässigkeit der menschlichen Intuition, weil sie häufig völlig falsch liege.

Im Schach scheint die Gefahr einer komplett inkorrekten intuitiven Bewertung eher gering zu sein, und doch sollten wir in langen Partien, ganz im Gegensatz zum Blitzspiel, genügend Bedenkzeit in die zugehörige Analyse investieren. Daneben ist der spontan gewählte Zug auch noch gegen mögliche taktische Versehen abzusichern. Wir haben ja bereits Zeit gespart, indem wir nicht alle möglichen Kandidatenzüge und Fortsetzungen durchgegangen sind, sondern stattdessen sofort und instinktiv die vielversprechendste Variante ausgewählt haben. Falls hingegen die Überprüfung unserer intuitiven Entscheidung aufgrund zu hoher Komplexität oder zu weitem Horizont nicht (vollständig) durchgeführt werden kann, so sollten wir den gefühlsmäßig besten Zug trotzdem ausführen! Denn außer dem Faktor Zeit sprechen auch unser Selbstvertrauen und der Mut zum Risiko dafür. Gerd Gigerenzer spricht sich wie er-

---

32) Nikolai Krogius: Psychologie im Schach, Sportverlag Berlin, 1983, S.110ff

33) Adriaan de Groot: Thought and Choice in Chess, Mouton Publishers, The Hague 1965, S. 306

34) Daniel Kahnemann: Schnelles Denken, langsames Denken, Penguin Verlag, München 2014

wähnt beim Gebrauch der Intuition für einen 'entspannten Umgang mit den Risiken' aus. Und wie heißt es so schön: No risk, no fun! Und entsprechend meinte auch Tal: Wer wagt, gewinnt!

Wir können im Schach zwischen positioneller und taktischer Intuition unterscheiden. Letztere kommt eher in komplexen und schwierigen Stellungen zum Tragen, bei denen eine konkrete Berechnung nicht zweckvoll erscheint oder gar ganz unmöglich ist. Intuitives, oft mit Opfern verbundenes Spiel ist hier mit erhöhten Risiken behaftet. In ruhigen Positionen dagegen *weiß* der intuitiv veranlagte Spieler, wo er seine Figuren platzieren muss, damit sie in der Folge am effektivsten wirken und miteinander harmonieren. Dank seinem Gespür für die Stellung fühlt er auch, wie viel materielles Ungleichgewicht diese im Austausch für positionelle Faktoren verträgt. Die sogenannten 'positionellen Opfer' sind aufgrund ihrer eher langfristigen Wirkungsweise häufig intuitiver Natur und ein genauer analytischer Nachweis auf Korrektheit ist schlicht undenkbar.

Höchst interessant erscheint in diesem Zusammenhang die Spielweise von Alpha Zero[35)], dem neuronalen Netzwerk, welches sich Schach in kürzester Zeit selbst beigebracht hat und danach die stärksten konventionellen Schachprogramme vernichtend schlagen konnte. Aufsehenerregend und sehr erfolgreich waren insbesondere seine auf langfristige strategische Vorteile ausgerichteten positionellen Opfer, bei denen sich Alpha Zero auch nicht durch andauernden und erheblichen Materialnachteil abschrecken ließ. Bis dahin war maschinelles Schach äußerst materialistisch orientiert. Solch grundsätzlich 'auf Position' angelegtes Opferspiel auf lange Sicht wurde nur sehr starken Spielern zugetraut, den konventionellen Programmen fehlte das hierfür nötige Schachverständnis in hohem Maße. Alpha Zero hat vieles im Schach auf den Kopf gestellt und neue Sichtweisen eröffnet, von denen auch die stärksten Großmeister profitieren können.

Ist Intuition erlernbar? Sie ist bei Menschen verschieden ausgeprägt vorhanden, und einige vertrauen der inneren Stimme aufgrund ihres Charakters und Wesens mehr als andere. Zumindest im Schach scheint es möglich, darauf hinzuarbeiten, regelmäßig auf sein Bauchgefühl zu hören und diesem im Prozess der Entscheidungsfindung, wenn auch nicht erste Priorität, so doch wenigstens ein Mitspracherecht einzuräumen!

Hierzu noch zwei Anregungen:

David Bronstein äußerte in einem Gespräch mit Dirk Jan ten Geuzendam: „Vor vielen Jahren begann ich zu notieren, wie viel Bedenkzeit ich für meine Züge jeweils benötigte (auf diese 'Bronstein- Diagramme' kommen wir gleich noch zu sprechen). Bei der nachfolgenden Untersuchung der Qualität und

---

35) Matthew Sadler & Natasha Regan: Game Changer, New In Chess, Alkmaar 2019

Ausführungsgeschwindigkeit der Züge stellte ich fest, dass ich im allgemeinen besser spielte, wenn ich meiner Intuition vertraute. Und dabei erst noch eine Menge Zeit sparte!“[36]

Reinhard Munzert (in ‘Schachpsychologie’) empfiehlt, in Trainingspartien (in offiziellen Partien gestaltet sich dies aufgrund des Schreibverbots vor dem Zug schwieriger) jeweils die Züge aufzuschreiben, die man spontan gespielt hätte, bzw. nach 1 Minute, nach 3 Minuten, nach 5 Minuten und so weiter, und diese dann mit dem tatsächlich erfolgten Zug zu vergleichen. Daraus sollten sich hoffentlich positive Rückschlüsse zur Intuition und auch zur Effizienz ableiten lassen.

Einen gehörigen Einfluss auf die Entschlussfreudigkeit hat mit Bestimmtheit auch das häufige Trainieren mit verkürzten Bedenkzeiten, und das Spielen von Rapid-Partien ist ebenfalls ein geeignetes Mittel, sich an rasches, konzentriertes wie auch effizientes Denken und Handeln zu gewöhnen.

---

36) Dirk Jan ten Geuzendam: The day Kasparov quit and other chess interviews, New In Chess, Alkmaar 2006, S.228

Spiel mit der Uhr und mit dem Gegner

Zeit hat man nur, wenn man sie sich nimmt.
(Karl Heinrich Waggerl)

Nach den vorangehenden, teilweise recht ausschweifenden Erläuterungen zur Optimierung des Zeitmanagements durch effizientes, pragmatisches und intuitives Spiel, wollen wir nun wieder etwas konkreter werden und uns Gedanken über die wechselseitige Beziehung zwischen der Bedenkzeit und der Spielweise machen.

Die zeitliche Situation hat oft großen Einfluss auf das Spielgeschehen, und die Wahl eines Planes, einer Strategie, ist nicht selten von den Zeitreserven abhängig, und zwar nicht allein von den eigenen, sondern auch von den gegnerischen.

Laut Suetin sind verblüffende Positionsopfer oder ausgefallene strategische Ideen, die nicht völlig korrekt zu sein brauchen, bei beschränkter Bedenkzeit indes sehr schwer zu widerlegen sind, eine gefährliche Waffe des 'Schach-Praktizismus'. Diesen Umstand machte sich regelmäßig Michail Tal zunutze, wenn er seine Opferkombinationen aufs Brett zauberte, die bekanntlich häufig nicht ganz korrekt, deshalb aber nicht minder erfolgreich waren. Oft erfolgten die taktischen Streiche nämlich bei Zeitknappheit seiner Widersacher, und wenn diese nicht schon vor dem Opfer in Zeitnot waren, so dann ganz sicher nachher!

Auch Bobby Fischer verschärfte gerne das Spiel, sobald der Gegner zeitlich ein bisschen unter Druck zu geraten schien. Bei knapper eigener Bedenkzeit liegt es andererseits auf der Hand, komplizierte Stellungen möglichst zu vermeiden und solide, überschaubare Fortsetzungen anzustreben.

Ein wichtiger Grundsatz während der Partie lautet: Wann immer möglich, soll die Uhr des Gegners laufen! Wenn wir auf Kosten der gegnerischen Bedenkzeit über die Partie nachdenken können, sparen wir auf einfachste Weise viel von unserer eigenen Zeit ein. Deshalb ist es ja so entscheidend, nicht zu lange zu überlegen, sondern unser Gegenüber mit flott ausgeführten Zügen unter Druck zu setzen.

Dieses Prinzip gilt insbesondere in zeitintensiven kritischen Positionen. Quasi erzwungene oder erste Züge einer Kombination, die man auf jeden Fall spielen will, gehören also erst mal ausgeführt, bevor man alle eventuellen Fortsetzungen im Detail berechnet hat. Dieses Vorgehen erinnert an die zuvor empfohlene intuitive Spielweise und entspricht genau Willy Hendriks' Maxime 'Erst ziehen, dann denken'. Nach Ausführung des Zuges hat man nämlich beim

Ticken des gegnerischen Zeitmessers bereits einen besseren Blick auf die Stellung, wobei sich nun der Gegenspieler mit den verschiedenen Fortsetzungen beschäftigen darf!

Sehr individuell wird die Nutzung der gegnerischen Zeit gehandhabt: Derweil die einen Spieler die ganze Zeit über am Brett sitzen und, auch wenn sie nicht am Zug sind, intensiv nachdenken (wie beispielsweise Fischer, Kortschnoi, Miles, Jussupow, Topalow), stehen andere nach Ausführung ihres Zuges oft sofort auf und laufen im Turniersaal herum.

Natürlich brauchen starke Spieler kein Schachbrett vor Augen zu haben, um sich Gedanken über die Stellung zu machen, und blind *sehen* sie die Position ohne die störenden realen Figuren vielfach sogar klarer. Wassily Iwantschuk beispielsweise ist bekannt dafür, seine Überlegungen oft mit an die Decke oder in die Ferne gerichtetem Blick anzustellen.

In WM-Kämpfen und anderen wichtigen Turnieren ist es mittlerweile üblich, die gegnerische Antwort bei längeren Denkphasen nicht am Brett, sondern im Ruheraum abzuwarten, da dort die Partien bequem auf Monitoren verfolgt werden können. Ein bisschen Bewegung und Ablenkung während der Partie schadet ganz bestimmt nicht, jedoch hängen Umfang und Häufigkeit der Abwesenheiten vom Brett natürlich vom Typus des Spielers und seinen Vorlieben ab. Falls dagegen die gegnerische Bedenkzeit genutzt werden soll, empfiehlt es sich, in diesen Phasen eher ganzheitlich über allgemeine und positionelle Aspekte der Stellung nachzudenken, und konkrete taktische und strategische Überlegungen nur anzustellen, wenn man am Zug ist (laut Kotow eine 'goldene Regel'). Die Denkweise ist immer auch von der Art der Stellung abhängig, und wenn der Gegner schnell spielt, müssen wir solche wichtigen allgemeinen Überlegungen auf unsere Kosten betreiben.

Ratsam und den zusätzlichen Bedenkzeitverbrauch rechtfertigend ist es, bei einer überraschenden, kompletten Veränderung der Situation auf dem Brett eine kleine Auszeit abseits des Tisches zu nehmen, um erst einmal Abstand zu haben und sich zu sammeln. Danach kann mit frischem und möglichst unvoreingenommenem Blick die neue Lage analysiert werden.

Über die ganze Partie hinweg genügend Bedenkzeit zu haben, um jederzeit den Erfordernissen der Stellung gerecht werden zu können, darauf zielt optimales Zeitmanagement ab. Und von bedeutendem psychologischen Wert ist es weiter, jeweils *mehr* Zeitreserven als der Gegner zu besitzen. Ein noch so geringer Zeitvorteil ist dem Selbstvertrauen höchst zuträglich und verschafft einem eine gewisse Überlegenheit und Kontrolle.

Ein allzu großer Zeitvorsprung zu Beginn der Partie kann sich erstaunlicherweise aber auch nachteilig auswirken. Der Gegner hat zu diesem Zeitpunkt immer noch reichlich Bedenkzeit, so dass es sich (noch) nicht lohnt, ihn durch schnelles Spiel unter Druck zu setzen. Ganz im Gegenteil ist nun sorgfältiges und konzentriertes Vorgehen angesagt. Die Gefahr besteht dabei allerdings, durch allzu reifliche Überlegungen, gepaart mit einer Tendenz zu unangebracht großer Vorsicht, überdurchschnittlich viel Zeit zu verbrauchen. Da gleichzeitig der Gegner nun durchgehend geschwind zieht, schmilzt der ursprüngliche Vorsprung viel zu rasch dahin. Dies kann, zusammen mit dem Umstand, dass trotz des Anfangsvorteils (immer noch) keine bessere Stellung erreicht worden ist, Unsicherheit hervorrufen und sich ungünstig auf die Psyche und somit die ganze Partie auswirken. Es gibt sogar Spieler, die diese mögliche Entwicklung auszunutzen versuchen und deshalb absichtlich zu spät am Brett erscheinen, nur um den Gegner zu überraschen und aus dem gewohnten Rhythmus zu bringen. Die Nulltoleranz-Regel würde diese Unsitte verunmöglichen.

Bekannt ist auch der Trick, sich in schlechten oder bereits hoffnungslosen Stellungen absichtlich in große Zeitnot zu begeben, um den Gegner zu unbedachtem Spiel zu verleiten. Wie man sich in solchen Situationen richtig verhält, werden wir im Kapitel zur Zeitnot erläutern. Bekannte Zeitnotspezialisten, die nicht selten von derartigen mehr oder weniger absichtlich herbeigeführten Situationen profitieren konnten, waren Walter Browne, Pál Benkö und Sammy Reshevsky.

Was Fairness anbetrifft und in den Bereich der sogenannten 'gamesmanship' fällt, gilt ein gut getimtes Remisangebot bei Zeitknappheit des Gegners hingegen als grenzwertig. Abgesehen davon, dass es diesen aus dem Konzept bringt, wird er für Abwägungen bezüglich Annahme oder Ablehnung des Angebots kostbare Zeit verbrauchen. Und sollte er nach diesen Überlegungen zu wenig Zeit übrig haben, um die Partie vernünftig weiterzuführen, wird er das Remisangebot nun leider gezwungenermaßen annehmen. Ohne ein derartiges Intermezzo wäre die Partie wohl anders verlaufen.

Sehr dienlich für die Einteilung der Bedenkzeit ist das Setzen von sogenannten Meilensteinen, also die Festlegung von Zeitpunkten in der Partie, an denen zwingend noch eine bestimmte Menge an Nachdenkzeit vorhanden sein muss. Dazu kann man auf dem Partieformular bei der Zugzahl entsprechende Markierungen anbringen. Beispielsweise möchte man nach 20 Zügen nicht mehr als die Hälfte der bis zum 40. Zug verfügbaren Zeit verbraucht haben (in der Eröffnung hat man wohl etwas schneller gezogen, während zu Beginn des Mittelspiels häufig mehr Zeit für das Ausarbeiten eines Plans benötigt wird), und nach 30 Zügen sollten noch mindestens 20 Minuten Restbedenkzeit verfügbar sein.

Allerdings sollte man vermeiden, pedantisch an der allzu strikten Einhaltung dieser Werte festzuhalten, eine gewisse Flexibilität und Toleranz scheint hierbei sicherlich angebracht zu sein. Einige Spieler bauen zusätzlich auch eine fixe

Reserve ein, beispielsweise wollen sie für die Ausführung des 40. Zuges zwingend noch mindestens 10 oder wenigstens 5 Minuten zur Verfügung haben. Ein durchaus empfehlenswerter Ansatz, denn ein derartiger Notvorrat an Zeit bringt gleich mehrere Vorteile mit sich: Zeitnot wird vermieden, der für Fehler anfällige und berüchtigte letzte Zug vor der Zeitkontrolle kann in Ruhe absolviert werden, und ganz generell verschafft einem das Zeitpolster eine gewisse innere Gelassenheit in dieser meist hektischen Phase.

Ein wirksames Instrument zur Aufdeckung von nicht stellungsgerechter Verwendung der eigenen Bedenkzeit ist die nachträgliche Analyse der in jeden einzelnen Zug investierten Zeit. David Bronstein war der erste Spieler, der für seine Partien regelmäßig sogenannte Zeitgrafiken erstellte und auswertete. Gerade er hatte gewiss Anlass genug, die Gründe für seine häufige Zeitnot aufzuspüren! Die Idee zu solchen Diagrammen stammt jedoch nicht von ihm selber, sie wurde bereits 1938 im AVRO-Turnier in den Niederlanden vom englischen Meister Baruch Wood entwickelt, der einige Partien dieses Turniers damit analysierte.

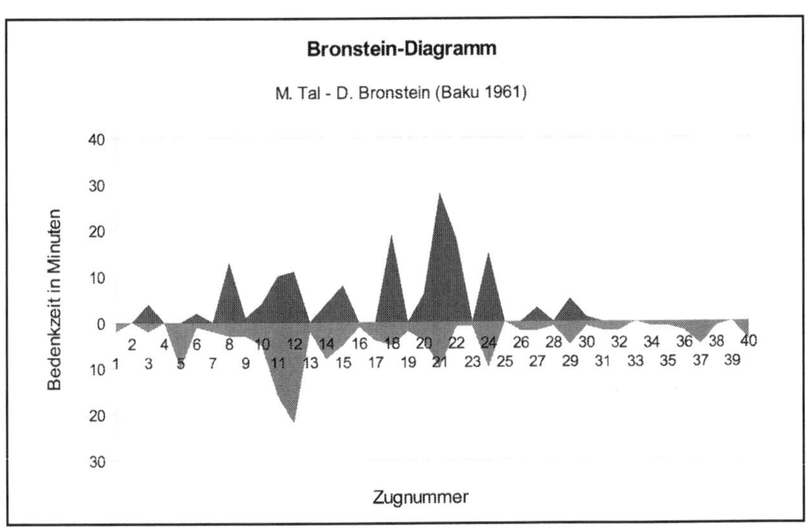

Abb. 11: In dieser Partie war für einmal Tal (oben) in Zeitnot!

Anhand der Zeitgrafiken ist visuell klar ersichtlich, wann wie viel Bedenkzeit eingesetzt wurde. Daraus lässt sich nicht nur ableiten, ob ein bestimmter Zug (die Erinnerung an den Denkvorgang während der Partie selbstredend vorausgesetzt) auch viel rascher hätte ausgeführt werden können, sondern allgemeiner auch, mit welcher Leichtigkeit man auf strategische Wendungen und überraschende Züge reagiert. Spielt man vielleicht in der Eröffnung zu bedächtig oder im Endspiel tendenziell zu rasch? Gibt es zu vermeidende überlange Denkphasen? Die Erzeugung solcher Bronstein-Diagramme ist natürlich aufwendig und bedingt bei jedem Zug das schriftliche Festhalten der Bedenkzeit.

Eine einfachere und praktischere Methode besteht darin, nur nach längeren Denkphasen oder in wichtigen Momenten die verbrauchte Zeit zu notieren (am besten auch die des Gegners) und auf eine Visualisierung zu verzichten. Nebst der Erlangung von Erkenntnissen über das eigene Zeitverhalten wird dadurch auch das Bewusstsein für den Verlauf des Zeitverbrauchs über die ganze Partie hinweg geschärft.

Zeitnot

Wir schätzen die Zeit erst, wenn uns nicht mehr viel davon geblieben ist.

(Leo Tolstoi)

Nicht selten haben Schachspieler eine gewisse Angst vor der Zeitnot. Bei Wolodymyr Tukmakow wirkte sich dieses Gefühl deutlich auf sein Spiel aus: „Die größte Gefahr war nicht die Zeitnot selber, vielmehr war es die Furcht vor ihrem Näherkommen. Ich begann deshalb bereits dann schnell zu spielen, als es noch gar keinen objektiven Grund dafür gab."[37)]

Dieses Verhalten muss sich aber nicht zwingend als nachteilig erweisen. Das Spieltempo im richtigen Moment etwas anzuziehen kann im Hinblick auf eine zu vermeidende Zeitknappheit durchaus angezeigt sein, zudem wird damit der Gegner unter Druck gesetzt.

Pál Benkö, ein von der Zeitnot Geplagter erster Güte, litt unter ähnlichen Ängsten, doch spielte er kurioserweise im beklemmenden Wissen um die kommende Zeitknappheit eher langsamer, da er mit seinen Gedanken nicht mehr bei der Sache war, und geriet dadurch natürlich erst recht unter Zeitdruck: „In the end, the actual fear of time pressure ultimately became a self-fulfilling prophecy" („Die Angst vor der Zeitnot wurde damit zur sich selbst erfüllenden Prophezeiung").[38)]

Sich vor der Zeitnot zu fürchten ist natürlich in allen Belangen höchst kontraproduktiv, ein gesunder Respekt vor dieser so oft entscheidenden Phase scheint indes auf jeden Fall angebracht zu sein. Nicht überraschend herrscht unter allen Schachspielern, nicht nur unter den Autoren von Ratgebern, Einigkeit über die Notwendigkeit der Vermeidung von hohem Zeitdruck. Selbst Spezialisten wie Walter Browne, die regelmäßig mit nur noch wenigen Sekunden auf der Uhr leben müssen und dabei trotzdem immer wieder zu Glanzleistungen fähig sind, warnen ausdrücklich davor, in diese Falle zu geraten: „No matter what, avoid serious time pressure" („Geschehe was wolle, Zeitnot muss unbedingt verhindert werden").[39)] John Nunn verweigert sich gar Ratschlägen, wie in Zeitnot zu verfahren sei, da seiner Meinung nach diese Situation prinzipiell nicht vorkommen sollte!

---

37) Vladimir Tukmakov: Profession Chessplayer, Russell Enterprises Inc., Milford 2012, S. 82

38) Pal Benko & Jeremy Silman: Pal Benko – My Life, Games and Compositions, Siles Press, L. A. 2003, S. 430

39) Walter Browne: The Stress of Chess, New In Chess, Alkmaar 2012, S. 410

Selbst bei gewissenhafter Umsetzung der bisher erläuterten Maßnahmen für ein optimales Zeitmanagement werden wir uns wahrscheinlich mit dem gelegentlichen Auftreten von Zeitnot abzufinden haben. Zeitnot kann in der Tat jeden Schachspieler treffen, auch wer noch so schnell spielt und die Bedenkzeit vorbildlich einteilt ist dagegen nicht immun! Wir wollen die Zeitnot also weder negieren noch fürchten, sondern versuchen, möglichst abgeklärt und zu unserem Vorteil mit ihr umzugehen. Denn wie sagte Kortschnoi so prägnant: „In Zeitnot gibt es keine Helden"!

Unter Zeitnot verstehen nicht alle Schachspieler dasselbe: Während für die einen eine Bedenkzeit von durchschnittlich 1 Minute pro Zug überhaupt kein Anlass zur Sorge ist, sind andere bei noch auszuführenden 5 Zügen in 10 Minuten bereits im Krisenmodus. Zeitnot ist eben ein relativer Begriff und Zeitknappheit wird sehr individuell wahrgenommen. Dank der aktuell gebräuchlichen Inkremente von 30 Sekunden pro Zug existiert für viele Spieler das Problemfeld Zeitdruck gar nicht mehr. Aufregende Zeitnotschlachten waren früher, als noch mit analogen Uhren gespielt wurde, gang und gäbe. Daran werden sich ältere Schachspieler vielleicht mit Wehmut erinnern, vor allem wenn sie nicht selber betroffen waren, sondern sich als Zuschauer an den sich abspielenden Dramen ergötzen durften.

Beispielsweise hatte Reshevsky gegen Ulvestad 1939 in New York gerade noch 1 Minute für 14 Züge, und obwohl er deutlich schlechter stand, gewann er sogar! Übrigens kam Bronstein, selber ein großer Zeitnotspezialist, die Idee zu seiner revolutionären Schachuhr mit Zeitgutschriften, als er in einem wichtigen Turnier Zeuge wurde, wie Kortschnoi in fürchterlicher Zeitnot eine total gewonnene Partie verlor!

Online wird selbstverständlich auch heute noch extrem schnell und oft auch ohne Inkrement gezockt, doch sind hier Einsatz und Bedeutung ungleich niedriger, und man hat auch nicht bereits während Stunden über der Stellung gebrütet. Das Spiel in Zeitnot ist im Unterschied zu einer Blitzpartie denn auch stark durch den bisherigen Verlauf der Partie geprägt, frühere Pläne, Konzepte und Stellungsbilder wirken sich deutlich auf das Geschehen vor der Zeitkontrolle aus. Den Besonderheiten des Blitzspiels widmen wir uns dann im nächsten Kapitel.

Es gibt unzählige Gründe, warum man in Zeitnot gerät, etliche davon haben wir in den vorangegangen Abschnitten angesprochen. Und natürlich teilen wir die Ansichten von Aljechin, das Unvermögen eines erfahrenen Meisters, mit der Uhr zurechtzukommen, sei als gleich schweres Vergehen zu taxieren wie einen Rechenfehler zu begehen – und Zeitnot sei als Ausrede für einen Partieverlust ebenso inakzeptabel wie Trunkenheit als Entschuldigung für ein Verbrechen. Bei chronisch in Zeitnot geratenden Spielern ist die Ursache wohl hauptsächlich in ihrer Psyche zu suchen. Eine im realen Leben vorhandene Veranlagung zu überzogenem Perfektionismus, Unentschlossenheit und Handlungsaufschub (Prokrastination) wird sich vermutlich auch im Schachstil und insbesondere im Umgang mit der Bedenkzeit widerspiegeln.

Ein anderer, sicherlich in vielen Fällen zutreffender Erklärungsansatz versucht, wiederholte Zeitnotexzesse nicht nur als schlechte Gewohnheit, sondern geradezu als Suchtverhalten zu interpretieren. Bewusst oder unbewusst sucht der Spieler dabei immer wieder den außergewöhnlichen Zustand höchster Intensität, den 'Kick', der auch nach Einnahme von anregenden Substanzen auftreten kann.

Ungemein passend erscheint in diesem Zusammenhang die Beschreibung des sogenannten 'Zeitlupeneffekts' durch den Zeitforscher Marc Wittmann[40]: „In Gefahr und allgemein bei erhöhtem generellen Erregungsniveau laufen Gehirnprozesse schneller ab (durch Neurotransmitter wie Adrenalin und Dopamin), die 'Außenwelt' wird relativ dazu als verlangsamt ablaufend empfunden. Die Aufmerksamkeit ist dabei maximal geschärft. Extremsportler wie Kletterer oder Fallschirmspringer suchen Gefahrensituationen auf, um sich solche Momente der Intensität und Zeitdehnung zu verschaffen."

Mehr oder minder willentlich und wiederholt herbeigeführte Zeitnotsituationen mit fortwährender Suche nach rauschhaften Erlebnissen gleichzusetzen und als Suchtverhalten zu kategorisieren, scheint nicht abwegig, und zwar umso mehr, als die allermeisten Zeitnotspieler (auch dies ein häufiges Merkmal von Sucht) sich zeitlebens nicht wirklich von diesem wie zwanghaft selbstauferlegten Muster befreien können.

Das Problem wird zwar von den Betroffenen prinzipiell als solches erkannt, aber trotz der Bereitschaft, es zu eliminieren, ist auch nach jahrelangen Bemühungen kein Erfolg sichtbar. Ob Sucht oder Charakterzug – der Meinung, dass solch chronisches Fehlverhalten nur sehr schwer heilbar ist und sich auch mit gezieltem Training nicht gänzlich beseitigen lässt, sind mehrere Spieler und Autoren:

– Nikolai Krogius, der hierzu eine radikale Änderung der 'schachlichen Grundanschauung' voraussetzt;
– Willy Hendriks, der humorvoll zugespitzt gar von der Suche nach einem 'time mismanagement gene' spricht und eine gentechnische Behandlung in Aussicht stellt;
– Pál Benkö, der sich nach erfolglosen Besserungsversuchen desillusioniert gibt: „A time pressure player I was, a time pressure player I would always

40) Marc Wittmann: Gefühlte Zeit, C.H. Beck, München 2012, S. 64

be! It is some consolation to know that although many other sufferers have tried to cure themselves of their chronic time pressure, no one I know has actually succeeded" („Ich bin und werde immer ein Zeitnotspieler sein. Ein gewisser Trost liegt darin, dass kein einziger von den vielen anderen an dieser 'Krankheit' leidenden Spielern es geschafft hat, sich selbst zu heilen").

Von den unzähligen Schachspielern, die sich immer und immer wieder in Zeitnot befinden, nachfolgend einige bekannte Namen. Diese Zeitspezialisten sind natürlich dank ihrer großen Erfahrung und erstaunlichen Fertigkeiten in solchen Situation regelmäßig imstande, sehr viele Partien ungeachtet des zeitlichen Nachteils zu ihren Gunsten zu gestalten. In der Regel geht es darum, die erlösende Zeitkontrolle ohne größeren Schaden erreichen, um die zuvor erreichte Gewinnstellung in Ruhe verwerten zu können oder eine Remisposition abzusichern. In einzelnen Fällen können jedoch, bedingt durch die den Gegner beinflussenden speziellen Umstände, schlechte oder verlorene Stellungen gerettet und im besten Fall gar noch gewonnen werden. Nur bleibt doch die Frage: Wie viele Partien mögen diese Koryphäen aufgrund Zeitmangels verdorben haben? Darüber wird für gewöhnlich nicht soviel gesprochen!

Neben Sämisch, Rubinstein, Reshevsky, Bronstein, Benkö, Kortschnoi, Byrne, Olafsson, Ivanov, Browne, Schirow, sind in neuerer Zeit Iwantschuk, Dominguez und Grischuk als Zeitartisten aufgefallen. Von dem höchst talentierten Weltklassespieler und mehrfachen Blitz- und Rapidweltmeister Sascha Grischuk wird allgemein angenommen, dass er auch im klassischen Schach noch höhere Weihen erreichen könnte, wenn er denn nur seine Bedenkzeit besser in den Griff bekäme! Anscheinend ist das aber gar nicht so einfach...

Wir wollen nun versuchen, es diesen Spitzenspielern gleichzutun und uns in Zeitnot möglichst geschickt zu verhalten, um das Beste aus dieser unersprießlichen Situation herauszuholen.

Der wichtigste Ratschlag dabei lautet: Ruhe bewahren! In Panik zu verfallen ist definitiv fehl am Platz, denn wir benötigen jetzt unsere gesamte Geistesgegenwart, um uns in dieser schwierigen Lage zu behaupten. Das ist im Vergleich zu früher deutlich einfacher geworden, denn dank den heute gängigen Zeitgutschriften gibt es glücklicherweise keine *extreme* Zeitnot mehr. Wir sollten deshalb unbedingt versuchen, weiter in gewohnter Weise zu überlegen, einfach ein bisschen schneller und noch konzentrierter.

Leichter gesagt als getan, denn durch die in solchen Momenten stark erhöhte Pulsfrequenz aufgrund der großen Spannung ist klares Denken für viele Spieler fast nicht mehr möglich, zumal der Blick immer wieder zwischen Brett und Uhr hin und her wandert. Selbst abgebrühte Zocker, die im Blitz mit wenigen

Sekunden auf der Uhr noch recht locker agieren, sind in hoher Zeitnot oft nicht mehr wiederzuerkennen und vor lauter Aufregung und Nervosität außerstande, einen vernünftigen Gedanken zu fassen.

Sehr hilfreich, um nicht aus dem üblichen Rhythmus zu fallen, ist das Notieren der Züge. Unterdessen bei den Kadenzen mit Inkrement stete Pflicht, war man früher mit wenig Zeit auf der Uhr nicht gezwungen, die Züge jeweils noch mitzuschreiben, und so konnten wichtige Sekunden eingespart werden. Allerdings gelang die Umstellung in den Blitzmodus nicht allen Spielern gleich gut, außerdem war dann oft nicht klar, ob die Zeitkontrolle bereits geschafft wurde.

Zu vermeiden sind unüberlegte Handlungen durch sofort ausgeführte Züge, die in der Absicht geschehen, sich das Inkrement gutschreiben zu lassen und so mehr Zeit für die nächsten Züge zu generieren. Solche Automatismen mögen im Ausnahmefall gerechtfertigt sein, doch das hastige, unmittelbare Ziehen stört den Takt des Spiels empfindlich. Viel sinnvoller scheint es, wie gewohnt zuerst einmal den gegnerischen Zug zu notieren, ein paar Sekunden zu überlegen (denn genau dies wird ja durch das Inkrement ermöglicht!) und erst dann zu ziehen.

In aktiven Stellungen, wenn der Gegner zu bestimmten Zügen gezwungen werden kann, taucht manchmal die Möglichkeit auf, durch Zugwiederholungen wertvolle Zeit zu gewinnen und dabei erst noch näher an die rettende Zeitkontrolle zu kommen. Diese Gelegenheiten sollte man sich auf keinen Fall entgehen lassen, zumal der psychologische Druck auf den Gegner erhöht wird, wenn ihm schmerzlich bewusst wird, wer momentan die Zügel in der Hand hat!

In Zeitnot besteht verständlicherweise eine Tendenz, zu forcierten Varianten zu greifen, da solche erzwungenen oder auf der Hand liegenden Züge ohne weitere Überlegungen ausgeführt werden können. Geradlinigkeit und Konsequenz sind auch hier an sich wünschenswerte Verhaltensweisen, jedoch sollte die Flexibilität der Stellung nicht darunter leiden. Irreversiblen Aktionen ist vor allem in Zeitnot stets mit größter Zurückhaltung zu begegnen, insbesondere unbedachte Bauernzüge sind in dieser Hinsicht unbedingt zu unterlassen.

Pál Benkö meint, die gefährlichste Kombination sei Zeitnot in taktisch komplizierter Stellung: „Avoid time pressure. If you're already in time pressure, avoid tactical complications" („Vermeiden Sie Zeitnot. Wenn Sie bereits in Zeitnot sind, vermeiden Sie taktische Erschwernisse").[41] Klare und übersichtliche Stellungen anzustreben scheint prinzipiell vernünftig, doch darf die dazu oft nötige

41) Pal Benko & Burt Hochberg: Winning with Chess Psychology, David McKay Co., New York 1991, S. 251/254

Kompromissbereitschaft nicht dermaßen groß sein, dass dabei allzu schwere positionelle Beeinträchtigungen in Kauf genommen werden. Und auch mit Entscheidungen zugunsten der Sicherheit, die in Zeitnot natürlicherweise und zu Recht eine hohe Priorität genießt, sollten nicht bedenkenlos größere strukturelle Nachteile verbunden sein.

Anatoli Karpow kam wie Fischer durch diszipliniertes Verhalten bezüglich Denkarbeit am Schachbrett äußerst selten in Zeitnot. Sein Rat, in dieser kritischen Phase sollten sich die Figuren gegenseitig decken, sollte unbedingt befolgt werden. Nicht umsonst heißt es LPDO, 'Loose pieces drop off' ('Ungedeckte Figuren gehen verloren')! In diesem Sinne ist hier auch die Anwendung des von Aaron Nimzowitsch postulierten Prinzips der Überdeckung strategisch zentraler Punkte sehr empfehlenswert.

Die beiden Züge um die Zeitkontrolle herum, in der Regel der 40. und 41. Zug, sind sehr tückisch. Beim 40. Zug ist es oft so, dass in der Absicht, die Stellung möglichst nicht noch im letzten Moment zu verderben, ohne allzu viel Überlegungen ein anscheinend neutraler und belangloser Zug ausgeführt wird, der sich dann aber häufig gerade als entscheidender Fehler entpuppt und die Partie wegwirft. Andererseits ist dies bestimmt auch nicht der Moment, sich mit einem verpflichtenden Zug in neue, unbekannte Abenteuer zu stürzen.

Auch der 41. hat es in sich: Heutzutage dank der Notationspflicht eher selten anzutreffen, kam es früher recht häufig vor, dass Spieler nach dem 40. Zug, bevor das Blättchen fiel, noch rasch einen zusätzlichen Zug ausführten, um ganz sicher zu gehen, dass sie auch wirklich die obligatorische Anzahl Züge absolviert hatten. Auf der einen Seite sichert man sich so gegen die Uhr ab, auf der andern Seite geht man ein zusätzliches Risiko eines schlechten Zuges ein.

Nach Erreichung der Zeitkontrolle bleibt die Lage gefährlich. Sehr ratsam ist an diesem Punkt die Einschaltung einer kleinen Pause, um sich zu bewegen, sich eventuell etwas zu erfrischen und sich dann mit neuen Kräften wieder maximal fokussiert in die Stellung hineinzudenken. Ansonsten riskiert man durch den plötzlichen Spannungsabfall aufgrund des Ausbleibens der vorangegangenen Intensität einen erheblichen Qualitätsverlust bei unmittelbar auf die Zeitkontrolle folgenden Züge.

Dank den Zeitgutschriften sind Partieverluste durch Zeitüberschreitung höchst selten geworden, deshalb hier zur Veranschaulichung ein paar ältere, sehr bekannte Beispiele:

Im Turnier zu Linköping (Schweden) 1969 verlor der notorische Zeitnotspezialist Fritz Sämisch alle 13 Partien auf Zeit, doch war er da bereits 75-jährig. Er wollte wohl noch eine letzte Marke setzen, denn kurz darauf ist er verstorben. Von Sämisch ist auch noch überliefert, dass er eine Zeitüberschreitung einmal erst nach 40 Minuten bemerkt haben soll (sein Gegner machte ihn absichtlich nicht darauf aufmerksam)! Solche Versunkenheit ist im Lauf der Partie noch nachvollziehbar, das 'Einschlafen' und Vergessen der Uhr gegen Ende der Partie ist dagegen äußerst ungewöhnlich.

2013 im Kandidatenturnier von London verlor Iwantschuk unglaubliche fünfmal auf Zeit, eine Zeitgutschrift wurde dort erst ab dem 60. Zug gewährt. Neben der unüblichen Kadenz wurden ihm vermutlich seine tranceähnlichen langen Denkphasen zum Verhängnis. Iwantschuk erlangte in diesem Turnier indessen auch Berühmtheit, als er in der letzten entscheidenden Partie Wladimir Kramnik besiegte, was Magnus Carlsen zum Turniergewinn und somit indirekt auch zum späteren WM-Titel verhalf.

Ein höchst tragisches Beispiel von Zeitüberschreitung lieferte Vlastimil Hort in seiner Partie gegen Boris Spasski im Viertelfinale der Schach-WM in Reykjavík 1977: In klarer Gewinnstellung und mit genügend Bedenkzeit auf der Uhr konnte er sich einfach nicht zu einem Zug entschließen und ließ zum Entsetzen der Zuschauer seine Zeit ablaufen.

Im WM-Finale 1993 zwischen Garri Kasparow und Nigel Short in London waren beide Kontrahenten schon in der ersten Partie in horrender Zeitnot, nach 31 Zügen hatten sie noch 2 Minuten bzw. 1 Minute, um die Zeitkontrolle zu erreichen. Dies gelang nach einer regelrechten Blitzschlacht jedoch nur Kasparow, der die Gelegenheit geschickt zu nutzen vermochte, als er im für seinen Gegner unangenehmsten Moment ein zweifelhaftes Bauernopfer brachte, welches aber einen gefährlichen Angriff versprach. Short war danach dermaßen auf die Verteidigung seiner Königsstellung konzentriert, dass er der Uhr zu wenig Aufmerksamkeit schenkte und im 39. Zug in deutlich besserer Stellung die Zeit überschritt. Zum weiteren Verstreichen entscheidender Sekunden trug sicherlich auch noch Kasparows Remisangebot im 38. Zug bei, das zwar korrekt war und auch dem Partieverlauf entsprach, auf Shorts Konzentration dennoch einen störenden Effekt gehabt haben wird.

Eine besonnene Spielweise ist erforderlich, wenn sich der Gegner in Zeitnot befindet, auf der eigenen Uhr hingegen noch genügend Reserven vorhanden sind. Es ist wohlbekannt, dass man auf keinen Fall dem Drang nachgeben sollte, die gegnerische Zeitknappheit durch eigenes schnelles Spiel auszunützen, um dem Konkurrenten keine Gelegenheit zu geben, auf fremde Kosten Überlegungen anzustellen. Das Risiko, dabei einen Fehler zu begehen, ist einfach viel zu groß, und erschwerend kommt hinzu, dass man sich im Unterschied zum Gegner mental nicht im 'Zeitnotmodus' befindet und also nicht die erforderliche Angespanntheit und Fokussierung innehat.

Für den in Zeitnot befindlichen Spieler ist es bestimmt viel entmutigender, wenn seine hektischen Aktionen mit wohlbedachten, ruhig ausgeführten Zügen beantwortet werden und er merkt, dass statt seines Kampfes mit der Uhr die Stellung im Vordergrund steht. Am unangenehmsten für ihn sind nicht forcierte Varianten, sondern stille und feine positionelle Züge, denen er nicht mit einer eindimensionalen Reaktion begegnen kann.

Falls die Stellung es ermöglicht, kann auch ein trickreich ausgeheckte Vorgehen, das auf natürliche, selbstverständliche Antwortzüge des in zeitlichen Nöten steckenden Kontrahenten setzt, Erfolg versprechen

Ein gänzlich anderes Verhalten ist bei eigener schlechter oder verlorener Position angezeigt. Hier ist es von Vorteil, den an Zeitarmut leidenden Gegner in unübersichtliche Komplikationen zu verwickeln, um die Wahrscheinlichkeit des Übersehens von taktischen Motiven zu erhöhen. Und nur in dieser Konstellation (also eigene hoffnungslose Stellung bei hoher gegnerischer Zeitnot) ist auch die umstrittene weil nicht ungefährliche Methode des 'Trommelfeuers' einzusetzen[42)]. Dazu werden während einer meist länger dauernden Denkphase die wahrscheinlichen Antworten auf eine Folge von möglichst überraschenden Zügen antizipiert. Solange der Gegner sich wie erwartet verhält, werden die entsprechenden weiteren Züge der Variante unverzüglich ausgeführt. Sobald aber ein nicht berechneter Zug auf dem Brett erscheint, wird das Feuer sofort eingestellt und die neue Stellung wieder einer Untersuchung unterzogen, bevor die nächste Salve abgefeuert wird. Dieses Vorgehen macht es dem Gegner unmöglich, sich nach jedem Zug wieder kurz und auf fremde Kosten zu orientieren.

Ein letzter wichtiger Ratschlag, dessen Nichtbeachtung eine eigene leidvolle Erfahrung zur Folge hatte: Ein Toilettengang *vor* der Zeitnot- beziehungsweise Schlussphase einer Partie ist äußerst empfehlenswert! Es ist nämlich ausgesprochen unangenehm, dem zuweilen intensiv verspürten Bedürfnis, sich zu erleichtern, aufgrund fehlender Zeit nicht nachkommen zu können. Und falls der Gegner seine nicht enden wollenden Zeitreserven genau jetzt noch in voller Länge einsetzt, kann sich die anfänglich nur leicht ungemütliche Lage zu einem wahren Martyrium entwickeln...

---

42) Simon Webb: Schach für Tiger, Edition Marco, Berlin 2006, S. 117

Schnelle Kadenzen

> Wenn Zeit die wertvollste Ressource ist, wird Geschwindigkeit zur wichtigsten Waffe.
>
> (Martin Geiger)

Zeit ist eine ausgesprochen relative Dimension, sowohl als Größe wie auch in der subjektiven Wahrnehmung. In Zeitnot erscheint eine Minute als sehr kurze Dauer, eine Minute im Blitzschach hingegen bedeutet eine halbe Ewigkeit. Und die Erfahrung, dass die Zeit je nach Umständen unglaublich rasch oder unendlich langsam verfließt, ist uns allen schon zuteil geworden. Das gilt natürlich auch im Schach, völlig unabhängig von der Kadenz. Doch dürfen wir auf die Bedenkzeit beim Schachspiel bezogen sicher allgemein festhalten: Je weniger Zeit wir zur Verfügung haben, desto wertvoller wird sie.

Der Aspekt der Bedenkzeit nimmt dabei im Verhältnis zu anderen die Partie beeinflussenden Faktoren wie Material- oder Stellungsvorteil entscheidend an Bedeutung zu. Und noch wichtiger und anspruchsvoller wird demnach das Management dieser Ressource beim Spiel mit verkürzten Bedenkzeiten. Wir wollen uns diesbezüglich nun vorerst dem Blitzschach zuwenden, bei welchem in der Regel etwa 5 Minuten Gesamtbedenkzeit zur Verfügung stehen, bevor wir dann auch noch die Eigenheiten von Rapid- (20-30 Minuten pro Partie) und Bulletschach (1 Minute für die ganze Partie) untersuchen.

Blitz

Das Blitzschach verdankt seine Attraktivität (für die Spieler selbst wie auch für die Zuschauer) der Faszination für die Denkgeschwindigkeit und die Geschicklichkeit beim rasend schnellen Ausführen der Züge, der großen Spannung in den oft von Taktik geprägten Stellungen wie auch der zumeist lockeren, ungezwungenen Atmosphäre des freien Spiels. Die häufigen Situationswechsel durch die hohe Fehlerquote und die quasi bis zum allerletzten Zug existierenden Chancen auf einen Sieg auch in einer komplett verlorenen Position erhöhen den Reiz dieser Spielform zudem enorm.

Die Anziehungskraft des Blitzspiels hängt womöglich auch noch mit einem anderen Phänomen zusammen: Beim temporeichen und intensiven Spiel kann man durchaus regelmäßig in den mit Euphorie und Glücksgefühlen verbundenen Zustand des bekannten 'Flow' gelangen (1975 von dem ungarisch-amerikanischen Psychologen Mihály Cíkszentmihályi wie folgt beschrieben): „Hohe Kunstfertigkeit, stärkste Konzentration und Motivation müssen zusammenkommen, damit die Handlungsabläufe zur Bewältigung der anspruchsvollen Aufgabe nur so *fließen*."

Dieser Effekt gleicht dem durch angespanntes Spiel in Zeitnot hervorgerufenen Befinden, und beim stundenlangen Blitzen, vor allem im Internet, sind derartige Bewusstseinszustände noch viel leichter und öfters zu erreichen. Wie bei übermäßigem Konsum einer Droge besteht bei häufigem und maßlosem Spiel die Gefahr einer gewissen Abhängigkeit. Für die allermeisten Schachspieler bleibt das Blitzen aber glücklicherweise ein völlig ungefährlicher Zeitvertreib, bedrohlich empfunden einzig als mächtige Zeitvernichtungsmaschine.

Obwohl von Amateuren wie Profis überall auf der Welt praktiziert, hat sich Blitzschach erst in den letzten zwei Jahrzehnten zu einer respektierten und vom Weltverband FIDE offiziell anerkannten Disziplin mit eigener Wertung und Weltmeisterschaft entwickeln können. Das im Anschluss an das Turnier der Weltelite 1970 in Belgrad durchgeführte Blitzturnier von Herceg Novi in Montenegro war das erste richtig große Blitzturnier auf Topniveau. Fischer siegte mit riesigem Vorsprung vor Tal, Kortschnoi, Petrosjan und Bronstein, laut Augenzeugenberichten kam er in jeder Partie von Beginn weg in Zeitvorteil und benötigte nie mehr als die Hälfte der zur Verfügung stehenden 5 Minuten.

Erst fast 20 Jahre später fand im kanadischen Saint John 1988 wieder ein Blitzturnier vergleichbaren Kalibers statt. An dieser als inoffizielle Blitz-WM bezeichneten Meisterschaft siegte Altmeister Michail Tal, unter anderem vor Kasparow und Karpow, den beiden damals führenden Spielern. Nun aber nahm Blitz als eigenständige Schachdisziplin richtig Fahrt auf. Ein bedeutender Initiator und Treiber dieses Trends war Walter Browne, der mit der Gründung eines eigenen Verbandes, der 'World Blitz Chess Association' (WBCA), und der diesem Thema gewidmeten Zeitschrift 'Blitz Chess' wichtige Strukturen schuf. Nach einem Hoch in den Neunzigerjahren flaute das Interesse an reinem Blitzschach allerdings deutlich ab und Verband inklusive Magazin stellten 2003 ihren Betrieb ein.

Die erste offizielle und von der FIDE organisierte Weltmeisterschaft im Blitzschach fand nach der Blütezeit 2006 im israelischen Rishon LeZion statt, wo Alexander Grischuk zum allerersten Blitzweltmeister gekürt wurde. Von diesem Zeitpunkt an wurde dieser Titel von der FIDE alljährlich vergeben, momentaner Weltmeister und Rekordhalter ist Magnus Carlsen mit insgesamt 5 Titeln.

Zur Ermittlung eines Siegers sind Blitzpartien seit einigen Jahren von der FIDE sogar für die traditionellen WM-Kämpfe mit klassischer Bedenkzeit vorgesehen, und zwar für den Fall, dass auch nach den zuvor zur Entscheidung gespielten Rapidpartien noch Gleichstand herrschen sollte. Glücklicherweise musste diese umstrittene Tiebreak-Methode bis heute nie angewendet werden. Ein allfälliges Unentschieden im Blitzen würde dann durch ein sogenanntes 'Armageddon' aufgelöst, doch darüber später mehr.

Unserer schnelllebigen Zeit entsprechend findet Blitzschach auch im normalen Turnierkalender immer häufiger einen prominenten Platz. Im Rahmen der seit 2015 abgehaltenen 'Grand Chess Tour' sind die 'Rapid & Blitz-Events' gegenüber denjenigen mit klassischen Bedenkzeiten sogar bereits in der Mehrzahl. Und diese Tendenz wird sich aufgrund der immer öfter auch online durchgeführten Blitzturniere bestimmt noch verstärken.

Das Internet mit seinen neuartigen Möglichkeiten für die mit Informationen angereicherte Übertragung von Schachveranstaltungen eignet sich denn auch wirklich hervorragend als Plattform für schnelles Schach. Es ist deshalb nicht verwunderlich, dass in letzter Zeit unzählige neue Blitzturniere in unterschiedlichsten Formaten immer mehr Hobbyspieler auf die diversen Schachserver locken. Die Corona-Krise von 2020 akzentuiert den Trend des Schach zum Netz hin nochmals deutlich.

Nach dieser historisch geprägten Einleitung wollen wir uns nun konkret dem Zeitmanagement im Blitz zuwenden.

Im Blitzschach sind alle zuvor beschriebenen Maßnahmen und Konzepte bezüglich optimalen Umgangs mit der Bedenkzeit sozusagen kondensiert und auf den Punkt gebracht. Bei dieser für die Ausarbeitung von tiefsinnigen, langfristigen Plänen und die konkrete Berechnung von langen Varianten oft viel zu kurzen Zeitspanne kommt der Intuition entscheidende Bedeutung zu. Wir sind zeitbedingt gezwungen, uns großteils auf unser Stellungsgefühl, unsere Erfahrung und unsere Instinkte zu verlassen. Eine pragmatische und effiziente Spielweise ist im Blitz ebenfalls noch wichtiger als beim langsamen Schach. Lange Denkphasen bringen hier eigentlich nie den gewünschten Erfolg, beanspruchen aber überproportional viel der knappen Zeitreserven und sind daher absolut zu vermeiden.

Dem Zeitvorteil kommt im Blitz nicht nur aus spieltechnischer, sondern auch aus psychologischer Sicht eine außerordentliche Bedeutung zu. Mit einer geschickt gewählten Eröffnungsstrategie lässt sich idealerweise schon zu Beginn der Partie eine günstige Zeitdifferenz erarbeiten. Derweil wir die Züge in uns bekannten Stellungen ohne größere Überlegungen abspulen und dabei dank dem Inkrement unseren Zeitvorrat oft sogar vergrößern können, verliert der Gegner bereits Zeit, um sich in ungewohnten Positionen zurechtzufinden. Die Vertrautheit mit einem Stellungstyp ist überhaupt ungemein wertvoll und kann in dieser Kadenz durchaus gewisse materielle Nachteile kompensieren. Der Besitz der Initiative ist im Blitz ebenfalls enorm wichtig, und da ein flotter Angriff unter Zeitdruck tendenziell auch leichter fällt als eine präzise Verteidigung, sind hier materielle Opfer zur Erlangung solch dynamischer Vorteile meistens gerechtfertigt.

Mit der Einführung der Zeitgutschriften hat sich das Blitzspiel doch recht gewandelt. Auch wenn im Schnitt wie beim früher üblichen 5 Minuten-Blitz immer noch etwa 5 Sekunden pro Zug zur Verfügung stehen, ist die Grundbedenkzeit von nur 3 Minuten nämlich schnell aufgebraucht, wenn zu Beginn gemächlich gespielt wird, und mit diesem Druck kommen nicht alle Spieler zurecht.

Umso wichtiger wird der geschickte Einsatz der Inkremente. Einerseits kann dadurch vor jedem Zug 2 Sekunden lang überlegt werden, ohne die Zeitreserven zu verringern, andererseits ist durch sofortiges Ziehen eine Addition dieser 2 Sekunden zu den Reserven möglich. Je nach Situation drängt sich die eine oder andere Spielweise auf, es darf jedoch nie leichtfertig mit diesen Inkrementen umgegangen werden.

Nur auf die eine Weise ist bei der selten angewandten Variante der Gutschriften in Form von Verzögerungen vorzugehen, dem sogenannten 'Delay'. Da hier keine Addition der nicht verbrauchten Inkremente erfolgt, sollte die jeweilige Zeitverzögerung unbedingt vor jedem Zug in Anspruch genommen werden, um nicht einfach grundlos wichtige Bedenkzeit zu verschenken.

Höchst erstaunlich war deshalb in den letzten Jahren das Zeitmanagement der weltbesten Spieler an den Sinquefield-Turnieren im amerikanischen St. Louis, als diese reihenweise und durchgehend zu schnell spielten und so das zur Verfügung stehende 'Delay' gar nicht ausnutzten. Im Rapidwettbewerb war das gleiche Verhalten zu beobachten, dort wog die Unterlassung aufgrund des höheren Inkrements eigentlich noch schwerer. Zur Erklärung (und quasi zur Entlastung der Teilnehmer) ist anzumerken, dass Verzögerungsgutschriften ansonsten kaum gebräuchlich sind und eine Umstellung aufgrund der Gewohnheiten und Automatismen selbst für Spitzenspieler nicht einfach zu bewerkstelligen ist.

Im Blitz wird häufig bis zum Matt gespielt, schließlich könnte dem Gegner jederzeit noch ein grober Fehler unterlaufen, und oft reicht die verbliebene Bedenkzeit nur noch ganz knapp oder eben gar nicht mehr zum krönenden Abschluss. Früher, vor dem Spiel mit Inkrementen, wurden Partien deshalb häufig durch Zeitüberschreitung entschieden, und 'Gewinnen auf Zeit' war ein gängiges Mittel, um verlorene Stellungen noch in volle Punkte zu verwandeln. Ungeheuer schnell ausgeführte Züge ließen die Figuren im Kampfgetümmel brachial aufeinander losgehen, das Schachbrett mutierte vollends zum Schlachtfeld. Im Eifer des Gefechts wurden dabei Anstands- und Spielregeln oft geritzt beziehungsweise gar missachtet, was nicht selten zu hitzigen Auseinandersetzungen auch abseits des Brettes führte.

Das Problem, nicht mehr genügend Zeit zum Mattsetzen zu haben, ist hauptsächlich noch im Internet zu beobachten, wo zuweilen ohne Inkrement gespielt wird. Denn genau dieses Inkrement erlaubt auch bei komplett aufgebrauchten Reserven eine relativ kontrollierte Spielführung bis zum definitiven Ende der Partie, und Zeitüberschreitungen sind entsprechend seltener geworden.

Ohne Inkrement wird übrigens auch ein etwaiges 'Armageddon' gespielt. Dies ist die gebräuchliche Bezeichnung für die allerletzte, einen gesamten Wettkampf entscheidende Blitzpartie. Damit denn auch wirklich eine Entscheidung fällt, ist bei einem Remis Schwarz der Sieger, wobei er allerdings eine Minute weniger Zeit auf der Uhr hat. Und um den Zeitvorteil von Weiß nicht durch Zeitgutschriften abzuschwächen, werden solche Entscheidungspartien ohne Inkremente gespielt.

Ob mit oder ohne Gutschrift, im Blitz muss auf jeden Fall schnell gespielt werden. Und da fällt ausnahmsweise auch dem motorisch-physiologischen Vermögen einmal eine Rolle im Schach zu, denn eine gute Hand-Auge-Koordination ist elementar für die rasche und genaue Ausführung der ausgedachten Züge.

Neben einer gesunden Portion Selbstsicherheit und Entschlussfreudigkeit zählt auch die Fähigkeit, sich zäh und erfindungsreich zu verteidigen, zu den Grundvoraussetzungen für erfolgreiches Blitzspiel. Taktik ist hier allgegenwärtig, rasches Erkennen von kombinatorischen Motiven und trickreiches, fantasievolles Spiel sind deshalb weitere wichtige Eigenschaften des starken Blitzspielers.

Bei einigen Spielern sind diese vorteilhaften Attribute besonders ausgeprägt, im schnellen Schach gelingen ihnen dadurch Leistungen, die teilweise weit über ihrem üblichen schachlichen Können liegen. Jeder Klubspieler kennt in seinem Umfeld derartige Blitzspezialisten, auf höchster Ebene sind diesbezüglich der Litauer Genrich Tschepukaitis (1935-2004) und der Deutsche Karl-Heinz Podzielny (1954-2019) erwähnenswert. Beide besaßen lediglich den Titel eines Internationalen Meisters, im Blitz jedoch wuchsen sie über sich hinaus und spielten um mehrere Klassen besser, Tschepukaitis gar auf Weltklasse-Niveau.

Natürlich gibt es umgekehrt Spielertypen, denen Blitzschach gar nicht behagt, teilweise bestimmt aus Mangel an Routine und den darob fehlenden Automatismen, oft aber auch, weil das rasche Schach ihrem auf positionellen Feinheiten beruhenden Spielstil nicht entgegenkommt. Sicherlich sind Schnelldenker und gewiefte Taktiker im Blitz zu favorisieren, allerdings gehören die meisten Topspieler auch in den schnellen Kadenzen zu den Besten ihrer Zunft.[43)]

43) Das 2017 an den Sinquefield-Turnieren von St. Louis eingeführte Universal Rating System URS ist ein interessanter Versuch, einen Spieler über alle drei gewerteten Kadenzen hinweg zu klassifizieren.

Zu den außergewöhnlich starken Blitzspieler gehörten bzw. gehören Capablanca, Tal, Petrosjan, Najdorf, Fischer, Kortschnoi, Karpow, Kasparow, Anand, Tkatschijew und Dlugy. Die beiden letztgenannten sind übrigens der Kategorie 'normaler GM – herausragender Blitzer' zuzuordnen. In der heutigen Zeit stechen hier Carlsen, Nakamura, Grischuk, Vachier-Lagrave und neuerdings auch der erst 16-jährige Alireza Firouzja heraus.

Rapid

David Bronstein war zeitlebens einer der prominentesten Befürworter von kürzeren Kadenzen und forderte insbesondere für das Rapidschach vom Weltverband die Einführung von offiziellen Normen, Regelungen und Titelkämpfen. Ein solches Schnellschach sollte als mittlere Kadenz die Vorzüge des traditionellen, langsamen klassischen Schachs mit denjenigen des dynamischen Blitzschachs vereinen. Nicht zuletzt in der Hoffnung, dem Schach durch diese auch für ein erweitertes Publikum attraktive Variante zu einer breiteren Mediatisierung zu verhelfen, definierte die FIDE an ihrem Kongress 1987 in Sevilla für das damals noch als 'Aktivschach' bezeichnete schnelle Schach Turnierregeln und empfahl die Durchführung von Welt- und Europameisterschaften. 1988 fand dann in Mexiko die allererste, noch inoffizielle Rapid-WM statt; die Kadenz betrug 30 Minuten für die ganze Partie (Inkremente gab es zu der Zeit noch nicht), Sieger wurde Anatoli Karpow. In den folgenden Neunzigerjahren erhielt das Rapidschach weiteren Auftrieb durch diverse neu geschaffene Veranstaltungen wie die französische 'Trophée Immopar', den 'Intel PCA Grand-Prix' und die 'Chess Classic' in Deutschland, deren letzte Ausgabe 2010 stattfand. Als erste offizielle WM im Schnellschach wurde das Turnier in Cap d'Agde (Frankreich) 2003 von der FIDE anerkannt, gewonnen hatte Viswanathan Anand.

Doch erst ab dem Jahre 2012 veranstaltete die FIDE zusammen mit der Blitz-WM jährlich ausgetragene Rapid-Weltmeisterschaften, und führte ab diesem Zeitpunkt für beide Varianten auch eigene Wertungen ein. Die Kadenz der Rapid-WM 2019 betrug 15 Minuten plus 10 Sekunden Inkrement, aktueller und dreimaliger Weltmeister ist Magnus Carlsen. Der Titel des allerbesten Schnellschachspielers gebührt jedoch ganz klar Anand, der ab 1997 bis 2008 mit einer Ausnahme (Kasparow) alle inoffiziellen Weltmeisterschaften gewann! Und 2017 holte er sich dann den Titel im für Spitzenschach extrem hohen Alter von 48 Jahren sogar noch einmal!

Rapidschach ist momentan sehr beliebt, es werden auf allen Ebenen und auch im Internet immer mehr Turniere mit den schnellen Kadenzen veranstaltet. Schnell ja, aber eben nicht allzu schnell, dies scheint vielen Schachspielern zu behagen. Dass auch größere Turniere dadurch an einem einzigen Tag durchgeführt werden können, trägt bestimmt ebenfalls zur Popularität bei.

Was gilt es nun bezüglich Zeitmanagements beim Schnellschach besonders zu beachten? Die größte Gefahr besteht in einem zu Beginn der Partie allzu sorglosen Umgang mit der Bedenkzeit, da diese im Unterschied zum Blitz recht großzügig bemessen scheint. Und das übliche Inkrement von 10 Sekunden wird als noch genügend hoch angesehen, um auch ohne Reserven relativ problemlos qualitativ ansprechendes Schach zu produzieren, zumal durch einige rasch ausgeführte Züge dann schnell wieder ein kleines Zeitpolster vorhanden ist.

Andererseits will man natürlich nicht schon durch ungenaue Züge kurz nach der Eröffnung in eine nachteilige Stellung geraten, da der Gegner genügend Zeit haben wird, um durch präzises Spiel weiteren Nutzen daraus zu ziehen. Es empfiehlt sich deshalb, über die ganze Partie hinweg ein der Kadenz angemessenes, unaufgeregtes Spieltempo einzuhalten. Und zwar sowohl am Anfang, indem nicht bereits zu oft und zu lange über das Inkrement hinaus nachgedacht wird, wie auch gegen Schluss der Partie, wo es dank der Inanspruchnahme der Zeitgutschrift möglich ist, jedem Zug die nötige Beachtung zukommen zu lassen. Dazu sollten zu diesem Zeitpunkt unbedingt noch komfortable Zeitreserven vorhanden sein, um die oft schwierige Schlussphase wenigstens ohne allzu großen zeitlichen Druck absolvieren zu können.

Bullet

Bei der von der FIDE (noch) nicht offiziell geregelten, aktuell schnellsten gebräuchlichen Schachvariante, dem Bullet, beträgt die Gesamtbedenkzeit lediglich 1 Minute. Der Zeit kommt damit endgültig die gleiche Bedeutung wie den Material- und Stellungsfaktoren zu. Da Bullet üblicherweise ohne Inkrement gespielt wird, entwickelt sich der Zeitfaktor gegen Schluss der Partie hin gar zur alles entscheidenden Größe. Es geht dann nicht mehr wirklich um gute, sondern lediglich um so schnell wie möglich ausgeführte Züge.

Wenn hier bereits die teilweise berechtigte Frage auftaucht, ob dies überhaupt noch Schach sei, als was sollen dann 'Hyperbullet' mit 30 Sekunden und 'Ultrabullet' mit gerade mal noch 15 Sekunden Bedenkzeit für die ganze Partie betrachtet werden? Und von da weg ist es nur noch ein kleiner, nichtsdestotrotz entscheidender Schritt zum eingangs erwähnten 'Kung Fu Schach', bei dem alle Züge gleichzeitig erfolgen dürfen.

Nun, im Unterschied zu diesem einzig theoretisch interessanten Derivat wird Bullet sehr wohl praktiziert und ist zudem äußerst beliebt. Dabei erfahren die

Adepten dieser hauptsächlich online gespielten Schachvariante Unterstützung durch digitale Features, neben der üblichen automatischen Zeiterfassung sind vor allem die sogenannten 'Premoves' für derart geschwind gespielte Partien überaus hilfreich und zeitsparend. Der geschickte Einsatz dieser fabelhaften, aber potenziell sehr gefährlichen Funktion, bei der Züge auf des Gegners Bedenkzeit im voraus festgelegt werden und dann für die automatische Ausführung unmittelbar nach dem gegnerischen Zug keine beziehungsweise vernachlässigbar wenig Zeit benötigen, spielt eine sehr große Rolle. Ebenso wichtig ist der gekonnte Umgang mit dem Eingabegerät (Maus bzw. Touchpad), eine kleine Darstellung des Brettes auf dem Bildschirm mit entsprechend kürzeren Zugdistanzen ermöglicht kleinere Zeigerbewegungen und trägt ebenfalls zur Zeitersparnis bei.

Offensichtlich sind bei dieser Kadenz in erster Linie gute Instinkte und Antizipationsvermögen gefragt, der stete Gebrauch der Intuition wird selbstredend vorausgesetzt, denn selbst Denkphasen von nur wenigen Sekunden enden im Bullet meistens tödlich. Es wird sozusagen mit dem Bauch gedacht, die Hand führt dabei Automatismen in Eigenregie durch. Die Initiative zu besitzen ist extrem wichtig und materielle Aspekte treten dabei sosehr in den Hintergrund, dass Material eins zu eins mit Zeit verrechnet werden kann.

Der Ausspruch von Alexander Aljechin, dass 'unter entsprechenden Umständen Mehrzeit einen ganzen Turm aufwiegen kann', passt dabei bestens zu vielen Situationen im Bullet. Außerdem verändern sich bei Zeitknappheit auch die Wertigkeiten der einzelnen Figuren; so ist beispielsweise ein wendiger und unberechenbarer Springer in derart kurzen Kadenzen oft viel stärker als ein Turm und stellt für jeden Gegner eine äußerst unangenehme Erscheinung und große Gefahr dar.

Wie schon beim Blitz ist ein ausgeprägtes Stellungsgefühl und die Fähigkeit zur raschen Erkennung von Mustern und Motiven sehr hilfreich. Es empfiehlt sich dabei, das Gebiet der Kampfhandlungen auf dem Brett begrenzt zu halten, um auf der kleineren Fläche bessere Übersicht zu erlangen und einfachere Überlegungen anstellen zu können. Angreifen zu können ist sicherlich auch von Vorteil, doch hat beim Bullet für einmal die Königssicherheit oberste Priorität! Der Gegner wird es nämlich schwer haben, in der kurzen verfügbaren Zeit einen erfolgreichen Angriff auf eine solide Festung zu lancieren. Deutlich leichter ist es hingegen, ein paar schnelle, belanglose Züge auszuführen, welche die Stellung nur unwesentlich beeinträchtigen. Vorausgesetzt, man besitzt einen Zeitvorsprung! Denn mehr Zeit zu haben als der Gegner ist enorm wichtig und vor allem gegen Ende der Partie entscheidend über Sieg oder Niederlage.

Seit vielen Jahren der Bulletspezialist schlechthin ist der fantastisch schnelle Hikaru Nakamura, doch steht ihm Magnus Carlsen absolut in nichts nach und ist wohl sogar noch stärker. Dass in jungen Jahren die taktischen Fähigkeiten besonders ausgeprägt sind und auch Schnelligkeit zu den Trümpfen der Jugend zählt, bewies letzthin der äußerst talentierte Iraner Alireza Firouzja, als er Carlsen in einem qualitativ sehr gehaltvollen, über 4 Stunden dauernden und unglaublich kräftezehrenden Bullet-Wettkampf auf 100 Punkte zu schlagen vermochte!

Zeitmanagement im Computerschach

> Mit dem Computer geht alles schneller,
> es dauert nur etwas länger.
>
> (Quelle unbekannt)

Wie gehen eigentlich Schachprogramme mit der verfügbaren Bedenkzeit um? Können wir uns vielleicht neuartige Ideen zunutze machen, die auf Methoden der künstlichen Intelligenz basieren? Solche Programme sind menschlichen Schachspielern in diversen Belangen überlegen: Sie ermüden nicht, sie unterliegen keinen mentalen Einflüssen (psychologische Aspekte, nervliche Anspannung), Gefühle sind ihnen fremd, sie stellen kein Material ein und sind in der Lage, auch in kürzester Zeit extrem starke Züge zu finden.

Die Qualität ihres Spiels nimmt darüber hinaus mit steigender Bedenkzeit stetig zu, derweil der entsprechende Zugewinn an Güte beim Menschen, wie wir gesehen haben, ab einem gewissen Punkt in der Regel eher bescheiden ist, gegen Null tendiert und unter Umständen sogar negativ werden kann.

Neben der automatischen Selektion relevanter Züge und Fortsetzungen liegt der Vorteil des in Plänen und Konzepten denkenden Schachspielers dagegen im Erkennen von besonderen Situationen, in denen vertieftes Nachdenken für ihn meistens angebracht ist. Für maschinelle Intelligenz sind solche Momente recht schwierig zu erfassen, angesichts ihrer prinzipiell planlosen rohen Rechenpower ist der dadurch erzielte Nutzen ohnehin vergleichsweise gering.

Dass die Durchführung einer optimalen Ausnutzung der zur Verfügung stehenden Bedenkzeit mittels Algorithmen ganz und gar nicht trivial ist, ersieht man alleine schon daran, dass Deep Blue (ein mit Spezialchips auf Schach getrimmter Supercomputer von IBM) einige Vorbereitungspartien zum Rückkampf gegen Kasparow 1997 (den die Maschine für sich entscheiden konnte) unglaublicherweise durch Zeitüberschreitung verloren hat![44]

In erster Linie war natürlich fehlerhafte Programmierung dafür verantwortlich, und mit geeigneten Maßnahmen zur Verbesserung des für die Zeitkontrolle zuständigen Algorithmus hätte man dieses Problem sicher in den Griff bekommen. Die Verantwortlichen wollten danach für den Wettkampf auf Nummer sicher gehen und bauten eine eiserne Reserve von sage und schreibe 30 Minuten vor dem 40. Zug ein!

Ein weiterer Grund für solch extremes Sicherheitsdenken lag in der Furcht vor einem plötzlich auftauchenden Problem kurz vor der Zeitkontrolle. Das Back-

---

44) Monty Newborn: Beyond Deep Blue, Springer Verlag, London 2011, S. 6

up-System sollte, falls nötig, ohne allzu große Hektik installiert und aktiviert werden können. Deshalb, aber auch um Kasparow zeitlich unter Druck zu setzen, ihn aus seinem gewohnten Rhythmus zu werfen und es ihm zu erschweren, auf gegnerische Kosten zu überlegen, spielte Deep Blue mit der durchschnittlichen Rate von nur 90 Sekunden pro Zug statt den bisher üblichen 2 Minuten (die Match-Kadenz von 40 Zügen in 2 Stunden entspricht 3 Minuten pro Zug).

Der dadurch zu erwartende Verlust an Qualität war laut den Entwicklern verkraftbar, anscheinend kam es nur selten vor, dass Deep Blue in der zusätzlichen Zeitspanne viel stärkere Züge fand. In bestimmten Situationen, hauptsächlich wenn das Programm in eine nachteilige Stellung zu geraten drohte, konnte der Schachcomputer jedoch von seinem Muster abweichen und in den sogenannten 'Panic Mode' fallen. In diesem Modus, der im gesamten Match nur ein einziges mal aktiviert wurde, durfte Deep Blue – in der Hoffnung, einen Ausweg aus seiner misslichen Lage zu finden – bis zu einem Drittel seiner Restbedenkzeit für einen Zug verbrauchen.[45] Die Maschine nutzte also die Bedenkzeit erstaunlicherweise bei weitem nicht aus, denn aufgrund ihrer enormen Spielstärke konnte sie sich diese Taktik erlauben.

Was menschlicher Denkweise und dem Schachspiel generell nicht zu entsprechen scheint, nämlich die relativ starre Zuteilung von Bedenkzeit pro Zug, drängt sich bei Schachprogrammen nicht allein wegen der einfachen Anwendung auf, sondern vor allem wegen deren Stärke und Schnelligkeit. Auch bei Deep Blue bestand die Zeitverwaltung lediglich darin, die restliche verfügbare Bedenkzeit, abzüglich der erwähnten Reserve, auf die bis zur Zeitkontrolle noch zu absolvierenden Züge gleichmäßig aufzuteilen. Natürlich wurde in der Startphase durch die Verwendung von Eröffnungsbüchern viel Zeit gespart, aber weitere mögliche Einsparungen (beispielsweise durch sofort ausgeführte Züge bei automatischem Zurückschlagen oder anderen sogenannten 'only moves') waren nicht eingebaut. Von einem vernünftigen Konzept für eine stellungsabhängige Zuteilung der Bedenkzeit war man damals, und ist es teilweise auch heute noch, recht weit entfernt.

Der Vorschlag von Garri Kasparow, beim Rematch 1997 eine eigens für diesen Wettkampf neu entwickelte digitale Schachuhr zu verwenden und dadurch (wie es bereits 1992 beim Schaukampf Fischer gegen Spasski der Fall war) mit Zeitgutschriften nach jedem Zug zu spielen, fand beim Deep Blue-Team verständlicherweise keinen Anklang. Zu groß erschien den zuständigen Fachleuten der Aufwand und das Risiko, nur wenige Wochen vor Beginn des Matches diese für damalige Verhältnisse revolutionäre Methode der Bedenkzeit-Zutei-

---

45) Monty Newborn: Deep Blue, Springer Verlag, New York 2003, S. 125/126

lung effizient und fehlerlos einzubauen. Dass die neuartige Uhr zum Zeitpunkt des Vorschlags noch gar nicht wirklich funktionstüchtig und ausgetestet war, wirkt rückblickend sehr bizarr. Der ominöse Zeitmesser kam dann schließlich dennoch zum Einsatz, gespielt wurde jedoch ohne Inkremente.

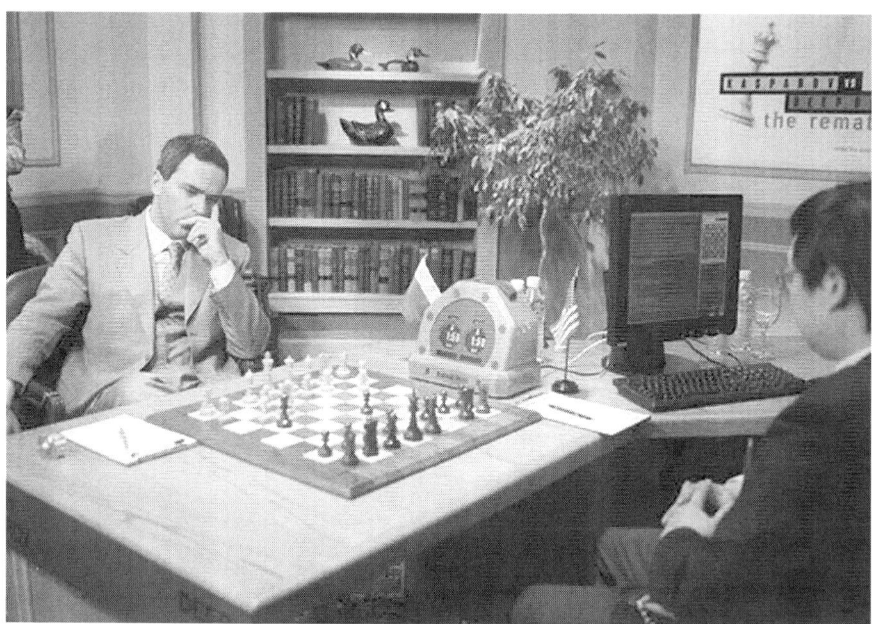

Abb. 12: Die enorme Schachuhr, eine Spezialanfertigung von Audemars Piguet, im Einsatz beim Wettkampf Kasparow – Deep Blue 1997

Alpha Zero wiederum erhielt beim historischen Match 2017 gegen Stockfish (das seinerzeit stärkste *konventionelle* Schachprogramm) von Beginn an für jeden Zug jeweils 1/20 der restlichen Bedenkzeit zugeteilt. Die Kadenz betrug 3 Stunden plus 15 Sekunden Inkrement für die ganze Partie. Über den ersten Zug durfte Alpha Zero demzufolge volle 9 Minuten brüten, für den zweiten waren 8 Minuten 56 Sekunden veranschlagt, für den dritten noch 8 Minuten 15 Sekunden und so weiter. Nach dem 14. Zug war damit die Hälfte, nach dem 28. Zug 3/4 der Gesamtbedenkzeit aufgebraucht.

Die äußerst unüblich langen Denkphasen zu Beginn der Partie machen übrigens durchaus Sinn angesichts der Tatsache, dass sich das neuronale Netzwerk Schach von Grund auf selber beigebracht hat und deshalb auch ohne Eröffnungsdatenbanken arbeitet. Es entspricht auch seiner im Gegensatz zu üblichen Schachprogrammen eher auf einen langfristigen Plan ausgerichteten Denkweise, bei der schon vom Start weg die Grundsteine zur Anlage der Partie richtig gesetzt werden wollen.

Dass das Zeitmanagement von Alpha Zero nicht raffinierter war, lag an der Zielsetzung der Entwickler, die lediglich im schachlichen Bereich zeigen wollten, was mit 'Deep Learning' möglich war, und die nicht auch noch an einer auf Wettkämpfe optimierten Zeitverwaltung interessiert waren. Alpha Zero wiederum war nicht in der Lage, sich parallel zum Schachspiel auch gleich noch ein intelligentes Zeitmanagement selber beizubringen. Anscheinend ist die Berücksichtigung einer dem neuronalen Netz übergeordneten Erkenntnisebene (Meta Cognition) eine äußerst komplexe Angelegenheit.

In der gegenwärtig wichtigsten Computer-Meisterschaft TCEC (Top Chess Engine Championship) variiert die Bedenkzeit zwischen 30 Minuten + 5 Sekunden (in den Vorrunden) und 120 Minuten + 10 Sekunden (im Superfinal). Interessant ist, dass in diesem Turnier bei den Programmen die Funktion 'Pondering' (also das Rechnen, während die *gegnerische* Uhr läuft) abgeschaltet ist. Dies erfolgt hauptsächlich aus praktischen Überlegungen, da die gegeneinander spielenden Programme jeweils auf dem gleichen Gerät laufen und sich bei permanentem Rechnen die Ressourcen dadurch halbieren würden.

Dank ausgefeilter Algorithmen und hoch entwickelter Stellungsbewertung verfügen mittlerweile die meisten starken Chess Engines über ein Zeitmanagement, das diesen Namen auch verdient. Diesem übergeordnet beim Spiel gegen Menschen ist die Zeitverwaltung der Umgebung (GUI), innerhalb derer die Engine läuft. Diese Software überwacht und steuert das Schachprogramm bezüglich der eingestellten Kadenz und ist letzten Endes dafür zuständig, dass unter anderem keine Partie wegen Zeitüberschreitung verloren geht.

Wie bei den menschlichen Schachspielern sind unter den Programmen hinsichtlich integrierter Zeitverwaltung erhebliche Unterschiede in Konzeption und Qualität auszumachen. Die Diskussion um den *besten* Umgang mit der Bedenkzeit ist auch in diesem Bereich noch nicht zu Ende geführt.

Und um auf die eingangs gestellte Frage zurückzukommen: Die Schachprogramme mögen uns in fast allen Belangen hoch überlegen sein, die Anwendung eines optimierten, flexiblen und intelligenten Zeitmanagements wird hingegen wohl noch auf längere Zeit hinaus eine Domäne des Menschen bleiben. Gerade deshalb ist eine vertiefte Auseinandersetzung mit diesem Thema so wichtig.

Nachwort

Als ich vor genau 20 Jahren mit ersten Arbeiten zu diesem Projekt begann, rechnete ich ganz bestimmt nicht damit, dass es so lange dauern würde, bis das Werk endlich vollendet wäre. Zwischen vielen mehrjährigen Unterbrechungen schrieb ich nur während jeweils ein, zwei Wochen kurz an meinem Text weiter, doch trug ich in all diesen Jahren passendes Material aus Zeitschriften und Büchern zusammen. Eine durch den Corona-Lockdown verursachte berufliche Zwangspause ermöglichte mir letzthin eine längere konzentrierte Arbeit an dieser Schrift, und jetzt ist das Buch endlich fertig geworden!

Mein Zeitmanagement als Autor war sicherlich nicht optimal, als Schachspieler jedoch habe ich inzwischen meine Probleme im Umgang mit der Bedenkzeit, wenn auch nicht gerade eliminiert, so zumindest mehrheitlich in den Griff bekommen. Und aus dem ständigen Kampf mit der Schachuhr hat sich unterdessen gar eine freundschaftliche Beziehung ergeben. Ob die Beschäftigung mit dem Thema einen Teil dazu beigetragen hat, wie es ursprünglich einmal meine Absicht war, oder ob es lediglich der Abgeklärtheit des Alters und den vielen Erfahrungen geschuldet ist? Ich bin einfach nur dankbar, dass meine Zeit noch nicht abgelaufen ist und es mir hoffentlich vergönnt sein wird, noch viele spannende Schachpartien zu spielen.

Bildnachweis

Abb. 1, 2: Luke Honey Ltd., U.K., www.lukehoney.co.uk

Abb. 3: Steve Etzel, USA / www.cs1904.com

Abb. 4, 6: Chess Praxis (Administrator) / Facebook-Group ‚Friends who like chess clocks by Chess Praxis'

Abb. 5: D. K. P. Watson, U.K.

Abb. 7, 8, 9: DGT Digital Game Technology, Enschede, Niederlande / www.digitalgametechnology.com,

Abb. 12: AP Images, New York / Keystone-SDA, Switzerland

Namensregister

Aljechin 32, 42, 77
Alpha Zero 55, 81, 82
Anand 26, 42, 43, 53, 75
Anderssen 16

Benkö 59, 62, 64, 65, 66
Bird 15
Blackburne 13, 16
Bourdonnais, de La 12
Botwinnik 48, 53
Bronstein 21, 35, 40, 50, 53, 55, 60, 61, 63, 65, 71, 75
Browne 59, 62, 65, 71
Buckle 12

Capablanca 42, 53, 75
Carlsen 36, 47, 53, 68, 71, 75, 77, 78

Deep Blue 79-81
Dlugy 75
Dominguez 65

Firouzja 53, 75, 78
Fischer 21, 26, 33, 34, 51, 57, 58, 71, 75, 80

Grischuk 40, 65, 71, 75

Harrwitz 16
Hendriks 49, 57, 64
Heydebrand und der Lasa 16
Hort 68

Iljumschinow 27, 28
Ivanov 65
Iwantschuk 58, 65, 68

Jussupow 58

Karpow 28, 53, 67, 71, 75
Kasparow 36, 47, 53, 68, 71, 75, 79-81
Kolisch 16
Kortschnoi 40, 58, 63, 65, 71, 75
Kotow 46, 50, 54, 58
Kramnik 36, 42, 53, 68
Krogius 54, 64

Lasker 48, 50, 54
Löwenthal 16

Maróczy 37
Marshall 37
Mason 15, 41
McDonnell 12
Miles 58
Morphy 12

Najdorf 75
Nakamura 45, 75, 77
Njepomnjaschi 45, 53
Nimzowitsch 36, 37, 48, 67
Nunn 45, 46, 62

Olafsson 65

Paulsen 12
Petrosjan 53, 71, 75
Podzielny 74

Reshevsky 35, 39-41, 59, 63, 65
Rosenthal 15, 17
Rowson 45, 46, 50
Rubinstein 65

Saint-Amant 14
Sämisch 41, 65, 67
Santos 40
Schirow 53, 65
Short 68
Smyslow 53
Sosonko 53
Spasski 53, 68, 80
Staunton 12, 14
Stein 53
Steinitz 13, 15, 16
Stockfish 81
Suetln 48, 57

Tal 51, 53, 55, 57, 60, 71, 75
Tarrasch 15
Tartakower 36, 37, 44
Topalow 58
Trois 40
Tregubov 25
Tschepukaitis 74
Tukmakov 62

Ulvestad 63

Vachier-Lagrave 75

Williams 12
Wood 60

Zukertort 15, 17

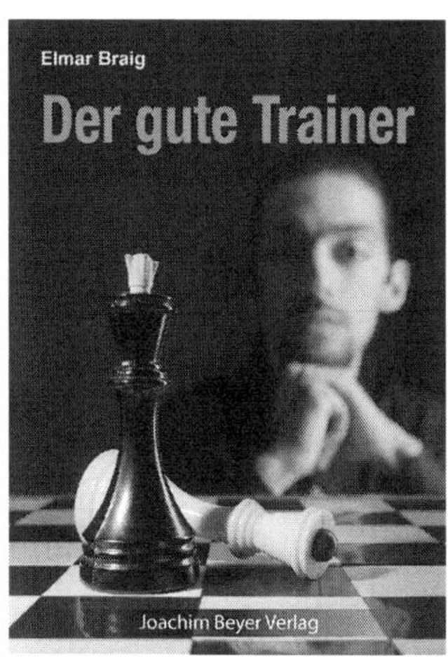

Elmar Braig

Der gute Trainer

108 Seiten, kartoniert

Sie wollen Heranwachsende im Schach trainieren?

Sie interessieren sich für die Aufgaben und Herausforderungen eines Trainers?

Dieses Buch beschreibt grundlegende Probleme im Jugendtraining und präsentiert zahlreiche Lösungsansätze.

Sie erhalten einen Überblick über die

- Grundlagen der Didaktik
- Vorschriften zur Aufsichtspflicht
- Hilfestellungen zu den Themen Durchsetzungsvermögen, Fördermöglichkeiten, Rekrutierung, Organisation und Kommunikation.

Darüber hinaus erfahren Sie viel darüber, wie man gute Jugendturniere organisiert.

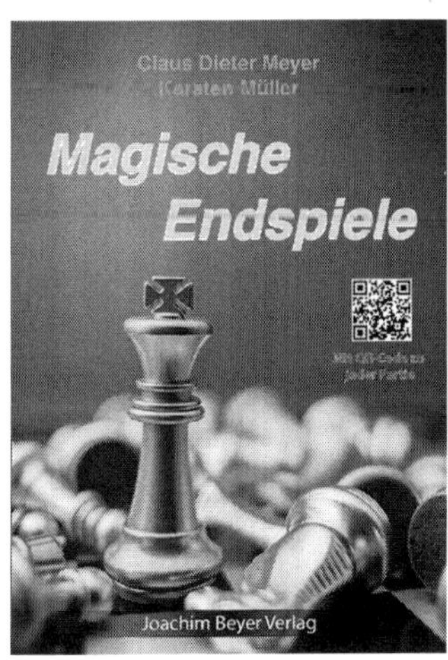

Claus Dieter Meyer / Karsten Müller

Magische Endspiele

180 Seiten, gebunden, Leseband

Mittels QR Codes bei jedem Diagramm können Sie die Stellung direkt auf Ihr Smartphone holen und diese analysieren oder nachspielen, je nach Bedarf. Das umständliche und fehlerbehaftete Eingeben per Hand entfällt und die analoge und digitale Welt gehen direkt ineinander über.

Dieses Buch ist das letzte Produkt der Zusammenarbeit zwischen dem renommierten Großmeister Dr. Karsten Müller und dem Bremer Schachtrainer und Analytiker FM Claus Dieter Meyer (1946–2020), dem es am Herzen gelegen hat, zum Abschluss noch ein Werk über Endspiele herauszubringen.

Im Mittelpunkt stehen solch „magische Themen" wie Matt, Patt und Zugzwang. Der Fokus liegt auf Beispielen, in denen „Magie" und lehrreiche Inhalte auf eine Weise verknüpft sind, dass auch viele Faustregeln veranschaulicht werden können und – was fast noch wichtiger ist – viele Ausnahmen von den Regeln.

Begleiten Sie den König von Luis Engel beim Marsch über das halbe Brett. Bewundern Sie die Eleganz eines Magnus Carlsen in einem Endspiel mit ungleichfarbigen Läufern. Bestaunen Sie den Blackout eines Siliziummonsters gegen einen Artgenossen.

C.D. Meyer hat sich in seiner unnachahmlichen Art auf die Suche nach diesen Beispielen begeben. Seit Beginn seiner Trainerlaufbahn trieb ihn die Lust am Entdecken von Pointen, die Freude am Erforschen tiefgründiger Zugfolgen und die Suche nach einem Hoffnungsschimmer in scheinbar aussichtsloser Lage an.

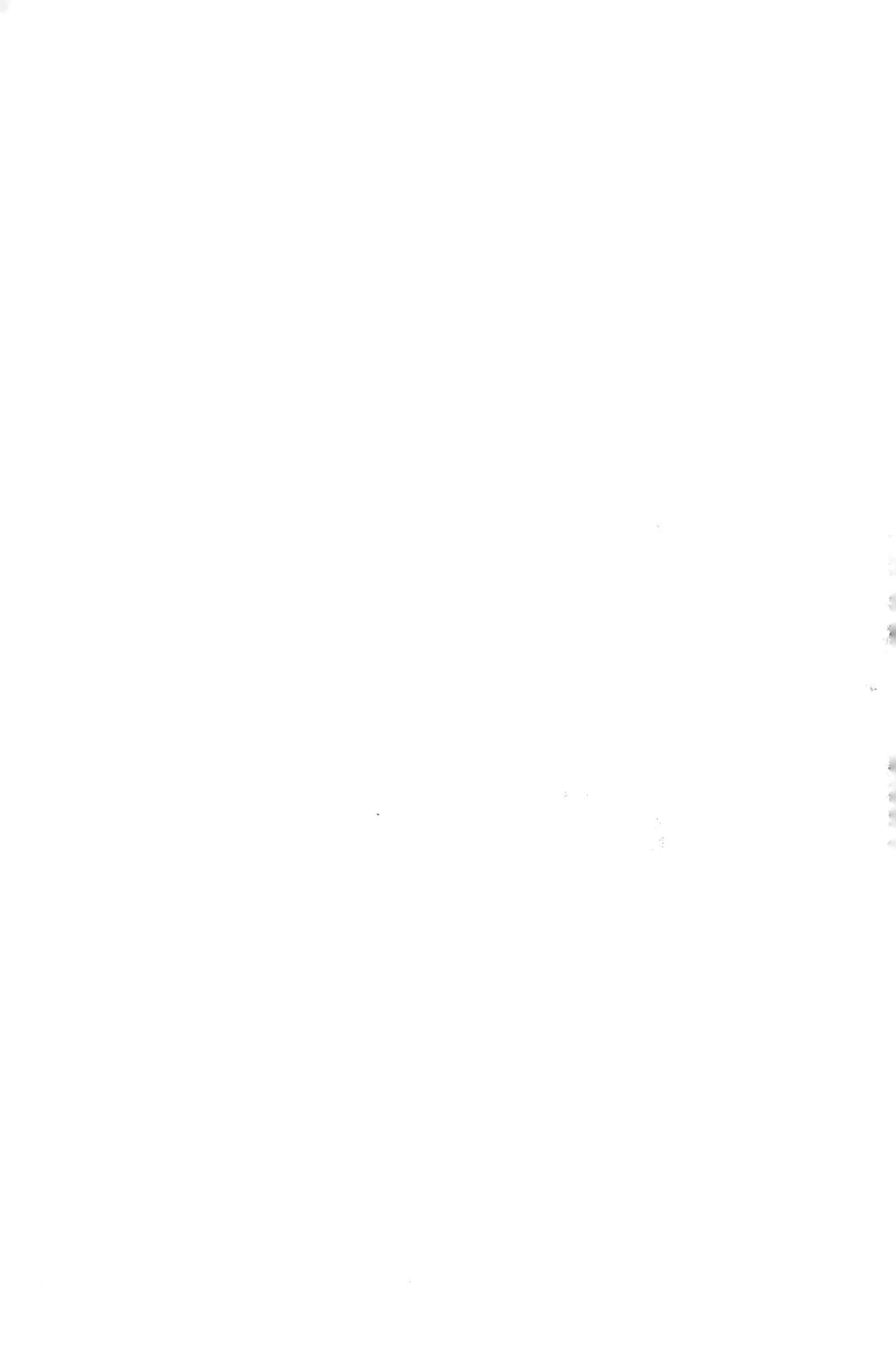

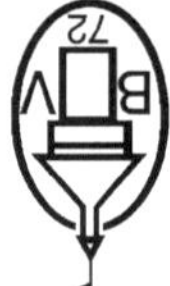